Autorenprofil

Jörg Banisch, Jahrgang 1973, hatte schon immer ein starkes
Interesse an einem selbstbestimmten und sinnvollem Leben.
Die Philosophie des Kampfsports und des Buddhismus, aber
auch der Ureinwohner Amerikas, Afrikas und Australiens
haben ihn schon seit seinen Kindertagen begeistert. Was sich
in Kindertagen und in der Jugend hauptsächlich im Interesse
an Kampfsportfilmen /-dokumentationen und anderen
Dokumentationen jeglicher Art, sowie dem „verschlingen"
von Büchern zu diesen Themen äußerte, wurde dann im
jungen Erwachsenenalter und den folgenden Jahren fast
schon zur Obsession des „Andersdenkens".
Irgendetwas gab es da draußen, was ergründet werden
wollte.
Alles was nicht „Mainstream" war, wurde genauestens
„studiert" (auch das beliebte Thema Verschwörungstheorien).
Vor ca. 15 Jahren rückten dann die Themen wie Philosophie,
Psychologie, Religionen, Kampfsport Philosophie, Meditation
und andere Körper- und Geistesübungen, in den Vorder-
grund.
In seinem Buch „Pfad des Erwachens" möchte er seine
Erfahrung nun mit anderen Menschen teilen und aufzeigen,
das wir, trotz widriger Umstände, mit der richtigen inneren
Einstellung auch schwierige Situationen meistern und wieder
mehr Lebensfreude, Selbstbestimmtheit, Zufriedenheit und
„Glück" in unser Leben ziehen können.

Für Janni

Vielleicht hilft dir dieses Buch, deinen eigenen Weg im Leben zu finden...

Jörg Banisch

Mein Pfad des Erwachens

Eine Reise zurück zur mir selbst

© 2017 by Jörg Banisch
Umschlag, Illustration: Pixabay, Jörg Banisch

Verlag: tredition GmbH, Hamburg

ISBN
978-3-7439-2082-8 (Paperback)
978-3-7439-2083-5 (Hardcover)
978-3-7439-2084-2 (e-Book)

Printed in Germany

Inhaltsverzeichnis

Vorwort

Auf dem Weg zu mir, hab ich mich oft verlaufen.
Prügel, die ich bezog, taten weh.
Auf dem Weg zur mir, stand ich oft frierend draußen und hab
von dort in ein warmes Zimmer gesehen.
Und manchmal liefen mir Tränen über´s Gesicht.
Das Weitergehen fiel schwer, doch eines wusste ich …

NEIN – ICH GEB NIEMALS AUF…

…auch wenn es noch härter kommt.
Sonst verliere ich nur die Achtung vor mir!
Und ich steh wieder auf, auch wenn ich am Boden bin.
Denn ich schaff es bestimmt –

ICH SPÜR ES IN MIR!

Auf dem Weg zu mir, ging ich durch Himmel und Hölle.
Ich ahnte, die Freiheit liegt mitten drin.
Auf dem Weg zu mir, bin ich mir selbst begegnet.
Erkannte mich manchmal selber nicht mehr.

Doch eines wusste ich …

NEIN – ICH GEB NIEMALS AUF…

…auch wenn es noch härter kommt.
Sonst verliere ich nur die Achtung vor mir!
Und ich steh wieder auf, auch wenn ich am Boden bin.
Denn ich schaff es bestimmt …[1]

Wieso dieses Buch ?

Der Gedanke ein Buch zu schreiben spukte mir schon lange im Kopf herum. Allerdings fehlte immer ein wenig die Muße und wohl auch der Mut diesen Schritt tatsächlich mal zu gehen.
Gedanken wie

„.. wer will denn schon ausgerechnet von dir ein Buch lesen..!?!"

„...zu diesem Thema gibt es doch schon tausende Bücher ..."

„Was meinst du, hättest du den Menschen zu sagen, was sie nicht schon wüssten...!?!"

Das ist sicherlich alles wahr und richtig – allerdings habe ich mit der Zeit gelernt, das man ab und zu einfach wieder mal eine kleine Erinnerung, einen sachten Schubs in die „richtige" Richtung braucht, um sich bereits bekannten Dingen wieder bewusst zu werden.
Da hilft ein Buch zu lesen oft genauso gut, wie ein Gespräch unter „Gleichgesinnten" oder mit Freunden.

In vielen Fällen ist ein gutes Buch oder noch besser ein gutes Gespräch ebenso geeignet sich selbst „wieder-zu-finden", wie der Besuch eines Seminars, Retreats oder der klassische Besuch beim Arzt.
Und du hast den Vorteil, dass die - leider noch viel zu verbreitete - Hemmschwelle und sicherlich auch das meistens fehlende „persönliche" zwischen Arzt und Patient bzw. Coach und Lehrgangsteilnehmer, beim Buch nicht den Prozess des Umdenkens beeinträchtigt.

Mit dem Buch bist du alleine – *Du* entscheidest ob und wann du es lesen willst, *Du* entscheidest wie lange du lesen willst, *Du* entscheidest, wie oft du einzelne Passagen lesen willst – alles hängt von *Deinem* persönlichen Engagement ab – und das ist es auch, worum es in diesem Buch gehen soll – um persönliches, um die Beziehung zu *dir selbst, um dein Leben, deine Möglichkeiten, deine Chancen!*

Chancen dein Leben wieder selbst in die Hand zu nehmen – sich deiner Selbst bewusst zu werden.
Vielleicht wunderst du dich gerade, dass ich dich nicht mit „Sie" anrede!?!

Da es hier um ein sehr persönliches Thema geht – ich werde dir auch viele Beispiele aus meinem Leben aufzeigen – habe ich mich für das „Du" entschieden, da ich es passender und einfacher finde, so über persönliche Dinge zu sprechen.
(Wenn dir das „Sie" lieber ist – ersetze das „Du" beim Lesen einfach.)

Ein weiterer Vorteil eines Buches ist, du kannst dir beim Lesen so viel Zeit nehmen, wie du brauchst.
Keine Hektik, wie beim Arzt, weil du eigentlich sowieso schon zu lange im Behandlungszimmer sitzt und es ja auch schließlich noch andere Patienten außer dir gibt.
Mit einem Buch in der Hand bist du dein eigener Herr – ohne Termindruck oder Wartezeit - und wer hindert dich daran das gelesene mit einem Freund, einer Freundin, dem Arbeitskollegen oder der Arbeitskollegin, deinem Partner / deiner Partnerin zu teilen?

Der wichtigste Grund für *mich* dieses Buch zu schreiben, war allerdings... ich wollte meinen Traum endlich verwirklichen.
Ich wollte nicht mehr warten, bis es vielleicht zu spät ist.

„Verschiebe dich nicht auf später!"

Und meine Zeit, ein Buch zu schreiben war gekommen…

Außerdem möchte ich Menschen gerne helfen zu erkennen, dass nicht jede schlimme Situation das Ende bedeutet.

Wir haben die Macht uns unangenehmen und schlimmen Situationen nicht nur zu stellen, sondern uns aus ihnen zu befreien, aus ihnen zu lernen und an ihnen zu wachsen – sie liegt ganz tief in uns selbst.
Wir müssen sie nur wieder neu entdecken.

Natürlich weiß ich, dass es schon viele Bücher zu diesem Thema gibt – ich will hier auch keinen neuen wissenschaftlichen Ratgeber herausbringen… ganz im Gegenteil!

Mein Wunsch ist es, ein Buch zu schreiben.
Ein Buch, das Menschen hilft wieder zu sich selbst zu finden – so wie auch ich es geschafft habe.

Zwar bin ich kein promovierter Professor oder Doktor – ich bin ein Mensch wie „du und ich" - mit all den kleinen Wünschen, Sorgen, Nöten, Hoffnungen, Träumen, Ängsten und Zweifeln die jeder von uns hat – aber vielleicht wird gerade das auch den Unterschied machen.

Viele „Ratgeber" sind oft nur Aufzählungen von Fakten und Studien, glaub mir, ich habe schon viele gelesen - die wird es hier auch an der einen oder anderen Stelle geben - aber mir fehlte in vielen Büchern zum Thema Selbstfindung, Selbstachtung, Selbst-bewusst-sein!, so ein bisschen die persönliche Note.

Mit diesem Buch möchte dir zeigen, mit welchen Mitteln ich es geschafft habe, möchte dich ermutigen, dich den Situationen und vielleicht auch deinen Ängsten zu stellen und den Mut zu haben dein Leben wieder selbst in die Hand zu nehmen und dich für dich selbst verantwortlich zu fühlen. Und auch für dich selbst Verantwortung zu übernehmen.

Denn das ist es, was wir – mich eingeschlossen – leider viel zu oft und viel zu lange anderen Menschen überlassen haben.

Aber die, für manche sicherlich harte Wahrheit, ist, das es nur einen einzigen Menschen auf der Welt gibt der für dich und dein Glück verantwortlich ist...

...Du selbst...

Dieses Buch soll dir nicht meine Sichtweise aufdrängen und ich möchte auch keine Überzeugungsarbeit bei dir leisten.

Ich möchte dir, und vielleicht auch ein Stück weit mir selbst, zeigen, wie ich es aus Krisen und schwierigen Situationen heraus geschafft und meinen „eigenen Pfad des Erwachens" gefunden habe.
Ich möchte dich einfach einladen, mich ein Stück weit auf diesem, meinem Pfad, meinem Weg zu begleiten und wer weiß – vielleicht wird es dir helfen, dich selbst– und damit auch andere - besser kennen- und verstehen zu lernen.

Denn schlussendlich gilt, was schon Galileo Galilei wusste:

„Man kann einen Menschen nichts lehren, man kann ihm nur helfen, es in sich selbst zu entdecken."

Also hab den Mut und gehe auf Entdeckungsreise zu dir selbst...!

Und vielleicht – und das würde mich wirklich mehr als freuen - hilft dir die eine oder andere Geschichte, das ein oder andere Sprichwort, die Tipps und Erkenntnisse, die ich aus Seminaren, Büchern, Dokumentation, Abhandlungen und nicht zuletzt natürlich auch aus langjähriger eigener Erfahrung als Ausbilder, Vorgesetzter und Arbeitnehmer, Ehemann, Sohn und Vater – eben als Mensch, sammeln durfte, dich auf deinem eigenen Weg besser zurecht und dich selbst eventuell wieder zu finden.

Denn...

„Es gibt nur einen richtigen Weg, deinen Eigenen!"

Oder wie haben es die Fanta 4 so schön ausgedrückt:

„Herzlich Willkommen in Ihrem Leben. Indem Sie die Hauptrolle spielen.
Der Eintritt ist frei. Alles Weitere liegt in Ihrer Hand.
Wir wünschen Ihnen gute Unterhaltung und viel Spaß beim Leben Ihrer Wahl!"

Was hat mich also dazu bewogen mein bisheriges Leben in Frage zu stellen?

Was war passiert?

Als ich mich 2010 von meiner damaligen Frau nach 12 Ehe-jahren trennte, traf mich das ziemlich hart.

Meinen damals achtjährigen Sohn, konnte ich nun nicht mehr jeden Tag sehen, mit ihm spielen, ihn in die Arme schließen und zu Bett bringen...

Die Abende allein zu Hause waren manchmal schier unerträglich und ich war froh, dass ich meine Familie, viele Freunde und Bekannte hatte, zu denen ich gehen konnte, um die Abende nicht allein verbringen zu müssen.

Doch – und in diesem Falle Gott sei Dank - ist der Mensch ein Gewohnheitstier und mit den Wochen kam ich besser damit klar und verbrachte auch viele Abende in meinem neuen Zuhause - ganz allein mit mir.

Und wenn man Zeit mit sich selbst verbringt, beginnt man zwangsläufig sich Fragen zu stellen.
Ich tat es zumindest...

- Was war passiert, dass es soweit hatte kommen können?
- Was hätte ich besser machen können? (ja auch Männer können sich selbst reflektieren)
- Hätte ich mehr auf meine Partnerin eingehen müssen?
- Zu viel Arbeitet – zu wenig Familienleben?

- War ich einfach nicht glücklich genug mit mir selbst – und konnte deswegen auch nicht glücklich und zufrieden mit anderen sein?
- Hätte ich mehr Zeit für mich einplanen sollen oder sogar müssen?

An diesen Abenden und in - teilweise sehr intensiven und emotionalen - Gesprächen mit Freunden, Bekannten und Arbeitskollegen, die ähnliches durchgemacht hatten, nach „Studium" von Büchern über Selbsterkenntnis, Achtsamkeit, Buddhismus, Meditation, Selbstfindung, Psychologie und Philosophie stellte ich mir all diese Fragen und versuchte Antworten zu finden.

Und ich bekam sie – nicht immer die, die ich hören oder haben wollte – aber sie brachten mich zu der - für mich wichtigen - Erkenntnis:

ICH

– und nur ich allein - konnte an meiner jetzigen Situation, an meinem Leben und an meiner Zukunft etwas ändern.
Das konnte niemand anderes für mich tun – auch wenn ich das noch so gerne gehabt hätte!
Und somit gab es im Grunde auch nur eine wichtige Frage zu stellen:

Was will ich – was will ich nicht?

Und was konnte ich tun, um meine jetzige Situation zu meistern, wieder Spaß und Freude am Leben zu haben, positiv und hoffnungsvoll durchs Leben zu gehen – und ich fing einfach an, mit mir selbst ein Brainstorming zu veranstalten (Führungskräftetraining sei Dank!), indem ich alles was mir dazu einfiel einfach mal aufschrieb:

- Ich will zukünftig nicht mehr verletzt werden oder andere Menschen verletzen (oft schwerer getan als gesagt...)
- Ich will zukünftig mehr Zeit mit mir und für mich verbringen und Dinge tun, die mir Spaß machen und mir gut tun – und das Leben nicht mehr ganz so ernst nehmen.
- Ich will mein Arbeitspensum auf ein normales Maß reduzieren – auch wenn die Konsequenz vielleicht „weniger Geld" heißt!
- Ich will mich nur noch mit Menschen umgeben, die ich mag und die mich mögen. Keine Zeit mehr verschwenden mit gequälten und gezwungen Besuchen bei (falschen) Freunden und Bekannten, mit denen man sich eigentlich schon lange nichts mehr zu erzählen hat oder die Freundschaft nur einseitig gepflegt wird.
- Ich will aus meinen Beziehungen, egal ob Freundschaft oder Liebe, einen Mehrwert für mich ziehen. Sie sollen mich auf meinem neuen Weg weiterbringen...
- Ich will mir keine leeren Versprechungen mehr antun, wie „... ich melde mich bei dir und dann machen wir

mal wieder was Schönes..." und wo dann auch nach mehrmaligen Nachfragen nichts draus wird.
Der eine oder andere Punkt wird dir vielleicht bekannt vorkommen – wenn einem so etwas widerfährt fühlt man sich oft unwohl, ungemocht und nicht mehr gewertschätzt.

- Ich selbst wollte aber auch selbst keine leeren Versprechungen mehr geben, sondern zu meinem Wort stehen – auch wenn es mal schwer fiel.
- Ich wollte meine Beziehungen intensivieren und meinem Leben mehr Sinn und Tiefe geben und auch dem Leben der Menschen in meiner Umgebung.
- Ich wollte den Menschen in meiner Umgebung mit Achtung und Respekt begegnen (wie ich herausfinden musste oft schwieriger getan als gesagt) und
- Ich wollte die Menschen in meiner Umgebung, wenn irgend möglich, dazu inspirieren es mir gleich zu tun

PUH! Ganz schön viel „Ich will" und „Ich wollte"

Das war das Erste was mir durch den Kopf schoss, als ich fertig war mit meinem Brainstorming ... aber ich wusste

„ICH WILL! – ICH KANN! – ICH WERDE!"

Du hast es vielleicht schon bemerkt – ich lasse mich gerne mal von Liedern, Sprichwörtern (danke Oma!) und Geschichten inspirieren und pushen. – Das hat mir schon oft im Leben weitergeholfen – mein *„Ab-und-zu"* Kick in die richtige Richtung!
Ich habe sehr viele Bücher zu Hause – und wie es der „Zufall" will (ich glaube nicht an Zufälle, deshalb die Anführungszeichen, – aber an Schicksal) entdeckte ich in meinem Regal ein Buch aus den achtziger Jahren, welches sich mit dem

18

Thema Gelassenheit und Selbstfindung (im weiteren Sinne) beschäftigt.

Heute weiß ich – die Zeit – ICH – war reif und bereit für dieses Buch.

Nach Lektüre meines Fundes, weiteren Büchern über dieses und ähnliche Themen und etlichen Nächten im Internet merkte ich, dass es mir, je mehr ich mich mit Dingen wie Gelassenheit, innere Ruhe, Selbstfindung, Selbstmitgefühl und Selbst – Bewusst - Sein, Buddhismus, „Sinn des Lebens", Philosophie, Psychologie, Meditation, Achtsamkeit, Slow-Life etc. beschäftigte und auch selbstkritisch auseinandersetzte (belüge dich nie, sei immer ehrlich zu dir selbst – und du wirst Erfolg haben) immer besser ging.

Dieser Prozess ist langwierig und oft auch schwierig – ehrlich gesagt endet er nie wirklich.
Wer sich dazu entschließt sein Leben selbst zu gestalten und Verantwortung für sich und sein Handeln zu übernehmen – sein Leben selbst „meistern" will, sollte sich das klar machen.

Einfach ist anders – aber es lohnt sich.

„Ein wahrer Meister bleibt ein Schüler – sein ganzes Leben lang." Chinesisches Sprichwort

Der Erfolg – ein entspanntes, ausgeglichenes, ruhiges und sinnvolleres Leben - stellt sich nicht über Nacht ein.
Genauso wie bei der Praxis der Meditation und insbesondere der Praxis der Achtsamkeit, beim Kraftsport oder Fitness, eigentlich bei allen wichtigen Dingen im Leben, ist es ein kontinuierlicher Vorgang, der vor allem eins verlangt – tägliche Anwendung und Wiederholung in der Praxis.

Aber für mich hat es sich mehr als gelohnt …

Nicht nur geistig und nervlich – auch körperlich ging es mir besser!

Wie wir später noch sehen werden, hat beispielsweise die Meditation, aber auch „Slow-Life" und die Praxis der Achtsamkeit auf viele Bereiche im Leben einen positiven Effekt…

Und dieser Effekt stellte sich auch bei mir ein – schneller als ich dachte!

Es taten sich förmlich neue Welten auf!

Ich schloss neue Bekanntschaften, die zu Freundschaften wurden.

Nahm meine Umwelt viel intensiver und detaillierter wahr als jemals zuvor, lernte wieder Dinge zu sehen, auf die ich sonst nicht mehr geachtet hatte. Ich fing wieder an, mich an kleinen und alltäglichen Dingen zu erfreuen, frühere Selbstverständlichkeiten als Geschenk zu betrachten und dafür Dankbar zu sein.

Du kannst dir das Gefühl nicht vorstellen, wenn du es nicht selbst erlebt hast.

Ich konnte Menschen und Situationen, über dich mich früher stundenlang aufgeregt hätte, ruhiger und gelassener begegnen – da ich eine ganz neue Einsicht gewonnen hatte.

Die Einsicht, dass die meisten Menschen einem nichts Böses wollen und das Verhalten mir gegenüber nicht unbedingt etwas mit mir oder meinem Verhalten zu tun hatte.

Das klingt vielleicht abgedroschen oder esoterisch – aber es stimmt!

Es ist berauschend und faszinierend. Und wenn du es erstmal gespürt hast, lässt es dich nicht mehr los.

Und deswegen lade ich dich von ganzem Herzen ein, es auf jeden Fall auszuprobieren.

Es muss nicht Meditation oder Achtsamkeit sein – jeder Mensch muss seinen eigenen Weg finden und gehen, in seiner eigenen Geschwindigkeit („Slow-Life") und nach seinen eigenen Möglichkeiten und Fähigkeiten – Hauptsache ist, du machst es!

Denn wir alle haben „unser Päckchen zu tragen" und lassen unseren Frust oder unsere Ängste und Sorgen dann oft an jemandem aus, der eigentlich nicht der Grund dafür ist ...
Und mir geht es immer so, dass wenn ich unfair auf Jemanden reagiere oder ihn nicht wertschätzend behandle – dann habe ich hinterher meist ein schlechtes Gewissen.
Leider hilft eine – auch eine ernstgemeinte – Entschuldigung oft nicht, das Gesagte wieder gutzumachen.

„Einen Menschen zu verletzen, ist wie einen Stein in einen Teich zu werfen. Irgendwann beruhigt sich die Oberfläche wieder – aber der Stein bleibt trotzdem am Grund des Teichs." Chinesisches Sprichwort

Setzt du dich aber ehrlich mit dir selbst auseinander, und dabei können nicht nur Meditation und Achtsamkeit helfen, lernst du nicht nur dich selbst, sondern auch andere Menschen, besser kennen und kannst sie besser verstehen.
Und durch dieses „kennenlernen" und „verstehen" gewinnst du Einsicht – und diese Einsicht wird dir helfen dich selbst und andere nicht mehr mit unnötigen Wutausbrüchen oder unnötigen Worten, Vorwürfen etc. zu kränken und zu belasten.
Im Gegenteil – du wirst in der Lage sein, die Wut, den Frust, die Angst deines Gegenübers zu lindern – durch Verständnis, aufmerksames Zuhören und liebevolles Sprechen.

Unser Leben wird freier – frei von Wut, Aggressionen, Ängsten und Nöten.

Wir erleben ein sinnvolleres Dasein – mit innerer Gelassenheit und Ruhe... - innerem Frieden.

Menschen, die sich, vielleicht auch schon länger, mit Meditation und ähnlichen Dingen beschäftigen, werden wissen wovon ich spreche...

Meditation & Achtsamkeit

Höre ich da den einen oder anderen Einwand?

– Meditation ...

„Das kostet doch viel zu viel Zeit!"
„Ich kann mich nicht jeden Tag 30 – 60 min. hinsetzen und
nichts tun..."
„Hab ich schon ausprobiert – bin ich nicht für geschaffen..."

So oder so ähnlich denken die meisten Menschen, wenn sie
das Wort Meditation hören - wahrscheinlich wird es dir
ähnlich gehen - genauso wie mir, bevor ich mich intensiver
damit beschäftigt habe.

Wir haben ein ganz bestimmtes Bild im Kopf:
Da sitzt ein Mensch im Lotus-Sitz mit überschlagenen Beinen,
entweder alleine oder im Kreis mit Anderen, und konzentriert
sich auf ein bestimmtes Objekt oder eine bestimmte
Handlung.
Vielleicht auf das Ein- und Ausatmen oder auf leise im
Hintergrund laufende Musik.
Eventuell sogar noch ein Mantra „betend".

Aber Meditation ist wesentlich mehr als nur „... rumsitzen
und nichts tun..."
Denn erstens bedeutet Meditation nicht, nichts zu tun –
sondern etwas für dich und deine Gesundheit, sowohl
psychisch als auch physisch – und so mehr Ausgeglichenheit
und Gelassenheit in dein Leben zu bringen.
Und mit kontinuierlicher Praxis und Übung auch in das Leben
der Menschen in deiner Umgebung.

Deine Familie, Freunde und Bekannte werden die Veränderungen an dir und in dir bemerken und dich darauf ansprechen...

Mir ist es auf der Arbeit passiert.

Da fragt mich eine Kollegin „...sag mal was nimmst du eigentlich für Zeug? Du bist ja so entspannt in letzter Zeit – das ist ja schon bald unheimlich..."

Leute die mich aus früherer Zeit kennen (so wie meine Arbeitskollegin) – werden wissen warum sie so erstaunt war – da war ich nämlich alles andere als entspannt.
Wie heißt es so schön – ein richtiger „Bollerkopp".

Und mit der Zeit werden dich auch wildfremde Menschen ansprechen – so wie es mir erst vor kurzem in einem Festzelt passiert ist.
Da sprach mich ein Mensch an, den ich noch nie zuvor gesehen hatte und wir kamen einfach so ins Gespräch – er meinte ich hätte so eine positive, lebensfrohe Ausstrahlung, dass er mich einfach ansprechen musste...

Natürlich war ich erstmal verwundert – so etwas war mir noch nie zuvor im Leben passiert!

Dieses Gefühl ist unbeschreiblich – und es macht süchtig nach mehr!
Es bestätigt mir, dass ich auf dem richtigen Weg bin und bestärkt mich immer wieder, mich ständig neu zu entdecken und mich weiter zu entwickeln.

Ich hoffe, dass ich dir mit meiner Geschichte ein wenig helfen kann es auch für dich zu entdecken – das würde mich wirklich mehr als freuen!
Und zweitens muss Meditation nicht zwingend zeitintensiv sein, wie wir in *Jon Kabat-Zinn´s Buch „Achtsamkeit für Anfänger"* erfahren:

„Es gibt viele Formen von Meditation, wobei wir unter Meditation Folgendes verstehen können:
1.unsere Aufmerksamkeit und Energie systematisch zu regulieren, 2. Indem wir die Qualität unserer Erfahrung beeinflussen und möglicherweise transformieren, 3. im Dienste der Verwirklichung des gesamten Spektrums unseres Menschseins und 4. unserer Beziehungen mit anderen und der Welt."

Puh – schwieriger, aber interessanter Satz – ich musste ihn mehrmals lesen bevor ich ihn verstanden habe. Aber keine Angst – es geht leichter verständlich weiter…

Es gibt zwei einander ergänzende Möglichkeiten dafür: formell und informell.
Formell bedeutet, dass wir uns jeden Tag Zeit für die Praxis reservieren – in diesem Fall für geführte Meditation.
Informell bedeutet, dass die Praxis ungekünstelt und natürlich in jeden Aspekt Ihres Lebens einfließt.
„…diese beiden Modelle unterstützen einander und werden schließlich zu einem nahtlosen Ganzen, das wir als ein Leben mit Bewusstheit und Wachheit bezeichnen können…"

Eine Form der informellen Meditation ist die Praxis Achtsamkeit.
Ich gehe hier näher darauf ein, weil ich sie als die, für mich, sinnvollste, und auch relativ „leicht" in mein Leben zu

integrierende, Form der Meditation entdeckt und liebgewonnen habe.

Denn hierfür brauchst du dir keine festgelegte Zeit reservieren oder „freinehmen", um sie zu praktizieren – du kannst sie in jedem Augenblick, bei jeder Tätigkeit anwenden. Sei es beim Zähneputzen, beim Essen, beim Spazieren gehen, sogar bei einem Gespräch kannst du - und solltest du auch - Achtsamkeit integrieren und anwenden...wir werden später noch einige dieser Methoden genauer kennenlernen.

Und uns auch noch andere hilfreiche Übungen zur Entspannung und Stressreduzierung, wie autogenes Training, oder progressive Muskelentspannung, anschauen.

Doch zunächst wollen wir einmal klären...

Was bedeutet Achtsamkeit eigentlich?

Achtsamkeit ist Gewahrsein, das kultiviert wird, indem wir in andauernder und bestimmter Weise aufmerksam sind: mit Absicht, im gegenwärtigen Moment und ohne Beurteilung.[2]

Rufen wir uns nochmal das Bild über die „traditionelle" Art der Meditation ins Gedächtnis.
Bei dieser Art der Meditation, die auch als Konzentrationsmeditation oder als Meditation der Einsgerichtetheit bekannt ist, geht es – vereinfacht gesagt - in erster Linie um das Objekt unserer Aufmerksamkeit – und nur darum.
Alle anderen Gedanken werden als störende Ablenkung gesehen.
Diese Art der Meditation kann einen Zustand innerer Ruhe und Ausgeglichenheit erzeugen.

Bei der Achtsamkeit oder der Achtsamkeitsmeditation, denn Achtsamkeit ist auch eine Form der Meditation, geht man allerdings in eine andere Richtung von Meditations-Praxis.

Auch die Übung der Achtsamkeit, als Einsichts-Meditation oder Vipassana bekannt, kann mit einer einsgerichteten Aufmerksamkeit begonnen werden, um sich in einen Zustand beständiger Ruhe zu versetzen – ist aber nicht zwingend notwendig.
Im Gegensatz zur „traditionellen" Meditation allerdings, werden hier die Gedanken und Gefühle nicht als „schlecht" angesehen und verdrängt bzw. ignoriert, sondern hier versuchen wir ganz bewusst sie zu betrachten.
Ganz wichtig dabei ist es jedoch die aufkommenden Gedanken und Gefühle weder zu analysieren oder zu bewerten, noch ihren Inhalt zu beurteilen.

Dadurch, dass wir unsere Gedanken und Gefühle bewusst wahrnehmen und zulassen, sie aber, sozusagen, „nur von weitem betrachten", wie wenn wir von einer Brücke den vorbeifahrenden Autos auf der Autobahn zu sehen, ohne jegliche Beurteilung und Analyse, gewinnen wir einen „inneren Abstand" zu ihnen, der uns hilft uns nicht in ihnen zu verstricken. [3]

Achtsamkeit bedeutet also den augenblicklichen Moment ganz bewusst wahrzunehmen, Dinge, Gedanken, Gefühle und auch Menschen und ihr Verhalten, alles was um einen herum geschieht zu registrieren.

Sie objektiv zu betrachten und zu beobachten, ohne ihnen jedoch eine Bewertung zu geben – weder positiv noch negativ!

Ich finde das richtig aufregend und spannend – ich fühle mich sozusagen jeden Moment „voll da" – ich bin „gewahr" was ich tue!

Das klappt natürlich nicht immer und in jedem Augenblick, aber selbst wenn du merkst, dass du nicht „gewahr" bist – ist das schon wieder Aufmerksamkeit und Achtsamkeit – und du kannst dich selbst wieder, aber ganz sanft und ohne Vorwürfe oder schlechtes Gewissen, daran erinnern achtsamer zu sein!

Ist das nicht herrlich – ich kann ja quasi gar nichts falsch machen!

Ganz wichtig ist es allerdings zu erkennen, dass es nicht schlimm ist unaufmerksam zu sein – solange wir immer wieder zur Achtsamkeit zurück finden!

Probier es aus – und sei nicht zu streng zu dir selbst!

„Gib alles – nur nicht auf!"

Seit ich Achtsamkeit praktiziere – beim Zähneputzen, beim Duschen, beim Autofahren (beim Essen leider noch viel zu wenig – aber auch das ist okay) – bin ich innerlich auch nicht mehr so angespannt oder

verspannt – ja selbst meine Rücken- und Nackenschmerzen sind
weniger geworden!
Ich bin weniger gereizt und es gelingt mir immer öfter und immer
besser, meine Mitmenschen so zu akzeptieren, wie sie eben sind. -
Auch wenn sie gerade nicht angenehm sind.

Wie pflegt mein Onkel schon immer zu sagen – *„… du mußt die
Menschen und Ereignisse nur begleiten…"*

Nur *begleiten* und sich nicht an Ihnen aufreiben!

Ich finde dies ist eine sehr gute „Regel" für ein glücklicheres und
stressfreieres Leben!

Die Diplom-Psychologin und approbierte Psychotherapeutin Dr. Anne
Katrin Matyssek hat aus Ihrer über 15jährigen Erfahrung als Trainerin
und Beraterin und Betreiberin einer eigenen Website, www.do-
care.org, mal ein kleines…

Regelwerk für ein reicheres Leben

erstellt, an dem ich mich oft orientiere und welches ich dir nicht
vorenthalten möchte:

- Übe dich in Dankbarkeit!
- Zeige dir, was du dir Wert bist!
- Was du auch tust – Nimm dir Zeit!
- Feiere dich und dein Stärken!
- Stärke stets deinen Gegenüber!
- Bleibe dir treu – verstell dich nicht!
- Frage dich, wozu es gut ist!
- Schütze alles, was dir Kraft gibt!
- Suche nach dem Positiven!
- Gib dem Leben deinen Segen!

Wow! Begeistert mich immer wieder – und wirklich jeden Tag mehr!

Wir werden im Laufe des Buches noch mehr „Regeln" für ein
glücklicheres, erfülltes und entspanntes Leben kennen lernen –
vielleicht findest du auch selbst welche für dich heraus...
Schreib sie auf – und trag sie immer bei dir.

So hast du deine eigene „Roadmap", deine „Straßenkarte" zu einem
glücklicheren, reicheren und erfüllterem Leben immer bei dir.
Damit du dich auf deinem neu eingeschlagenen Weg nicht verläufst –
und wenn doch, wieder auf den richtigen Pfad zurückfindest

Lassen wir doch einige andere Menschen mal zu Wort kommen und
hören, was Achtsamkeit für sie bedeutet:
Bernhard Moestl (Fotograf, Autor und Herausgeber einer Tourismus-
Zeitschrift):

Lerne, dass aus der Achtsamkeit die Einsicht in andere und in dich selbst kommt.

Achtsamkeit gegenüber sich selbst bedeutet, aus den riesigen zur Verfügung stehenden Mitteln ebenjenes zu gebrauchen, das der Situation angepasst ist.

Nichts wird ein guter Kämpfer dem Zufall überlassen. Und immer wird er die wichtigste Regel beachten, nämlich jene, dass es keine Regeln, sondern nur das Prinzip der Achtsamkeit gibt.

Das Prinzip der Achtsamkeit, lehrt uns zu verstehen, dass nichts, also wirklich nichts, selbstverständlich ist, so sehr es auch selbstverständlich aussieht und wir es als selbst-verständlich hinnehmen.

Kinder können die Natur (Wasserfall/Ameisenhügel etc.) stundenlang fasziniert beobachten und es wird beim nächsten Besuch genauso spannend sein wie dieses mal. Ein Weg zur inneren Ruhe, der uns zwar unterwegs zum Erwachsen- werden irgendwann verlorengegangen ist, den wieder-zu finden sich aber durchaus lohnt. Es lehrt uns alles auf dieser Welt als etwas Besonderes zu sehen. Achtsamkeit bedeutet Aufmerksamkeit und Achtung. Aufmerksamkeit im Moment und Achtung vor allem, was uns umgibt. Das Prinzip der Achtsamkeit lehrt uns, unsere eigenen Fähigkeiten und Möglichkeiten, aber auch die unseres Gegenübers zu erkennen.[4]

Und wie hat Frau Dr. Matyssek es so schön gesagt – „stärke stets Deinen Gegenüber"

Wenn du also durch Achtsamkeit die Stärken und Möglichkeiten deines Gegenübers erkennst – er aber nicht – zeig sie ihm! Nimm ihn oder sie ein Stückchen mit auf deinen Weg!

Sharon Salzberg (Autorin, Trainerin für Meditation und Achtsamkeit):
Erinnert uns daran,
„... dass Achtsamkeit und liebende Güte zusammen kultiviert werden.
Achtsamkeit bedeutet nicht einfach „wissen, was geschieht", wenn
wir beispielsweise einen Klang hören. Es geht vielmehr um eine
bestimmte Form des Wissens: frei von Anhaftung, Ablehnung und
Täuschung.
Diese Freiheit bietet die Grundlage für eine nachhaltige
Transformation und neue Einsichten.
Sie sagt, dass Achtsamkeit „uns hilft, die Legenden, Mythen,
Gewohnheiten, Neigungen und Lügen zu durchschauen, die um
unsere Leben gewoben sein können. Wir können die Kraft dieser
Verzerrungen und unsere Bekanntheit mit ihnen überwinden und
klar für uns selbst sehen, was wahr ist.
Wenn wir das Wahre sehen, können wir unser Leben in einer
anderen Weise gestalten.
Daraus folgt die Verfeinerung und Erweiterung der liebenden Güte,
denn die Vertiefung unserer Einsicht umfasst auch die Erkenntnis,
dass unser aller Leben zutiefst miteinander verbunden ist...".[5]

„Die Wahrheit wird euch befreien!" Jesus Christus

Aber denke immer daran – ich will dich hier zu nichts überreden und
dir auch nichts vorgeben!
Ich möchte dich nur inspirieren, es selbst herauszufinden...

„Glaube nichts,
weil ein Weiser es gesagt hat.
Glaube nichts,
weil alle es glauben.
Glaube nichts,
weil es geschrieben steht

Glaube nichts,
weil es heilig ist.
Glaube nichts,
weil ein anderer es glaubt.
Glaube nur,
was du für dich als wahr erkannt hast" Buddha

Jon Kabbat-Zinn:
„Achtsamkeit wird oft als das Herz der buddhistischen Meditation beschrieben. Aber die Kultivierung der Achtsamkeit ist nichts ausschließlich Buddhistisches."
Im Grunde ist die Achtsamkeit universell, weil es dabei um Aufmerksamkeit und Gewahrsein geht [6]

So nun haben wir einiges zum Thema „Was bedeutet Achtsamkeit" gehört und es gibt, weiß Gott, noch etliche Stimmen und Menschen, für die Achtsamkeit noch viel mehr bedeutet und beinhaltet.
Zum Einstieg soll uns das aber erst einmal reichen.
Alle verschiedenen Aspekte, Bedeutungen und Philosophien hier aufzählen zu wollen, würde ohnehin den Rahmen dieses Buches gewaltig sprengen.

Wenn du dich intensiver mit der Achtsamkeit und ihrer Philosophie befassen möchtest – und ich denke es wird sich für dich lohnen, für mich hat es das auf jeden Fall - habe ich am Ende des Buches eine kleine Sammlung Literatur Tipps und Internet Links zusammengestellt – nicht nur zum Thema Achtsamkeit -, die dir dabei helfen können.
Wir werden im Laufe des Buches aber auch immer wieder auf Achtsamkeit und ihre Begleiter zu sprechen kommen.

Für den Augenblick wollen wir für uns nur festhalten:

Achtsamkeit ist eine Form der bewussten Wahrnehmung, bei der man sich auf die Dinge konzentriert, die jetzt gerade geschehen - ohne sie jedoch zu bewerten.

Ich finde Achtsamkeit und damit Aufmerksamkeit ist in unserer heutigen Gesellschaft wichtiger denn je.
Wo doch jeder ständig mit seinem Handy zugange ist – sei es mit einem Spiel, Whatsapp, Facebook oder E-Mails abrufen, ist es, glaube ich, wohl das größte Geschenk, welches man einem Menschen machen kann - ihm seine Zeit, seine volle Aufmerksamkeit zu schenken.

Durch die ständige Erreichbarkeit setzen wir uns selbst so unter Druck und Stress (das Phänomen Stress und seine negativen Auswirkungen auf die Gesundheit werden wir uns später noch etwas genauer ansehen), das man manchmal schon selbst denkt, man ist nicht mehr beliebt, bloß weil man seit 10 Minuten keine SMS oder Whatsapp Nachricht mehr bekommen hat.
Ständig sind wir „online", unser Gehirn wird mit oft unnötigen Informationen vollgestopft und wir wundern uns am Abend, warum wir so kaputt sind, aber trotzdem keine Ruhe finden und nicht abschalten können.
Im Verlauf dieses Buches wirst du einige Tipps, Tricks, und Anleitungen kennenlernen, wie du die Datenflut reduzieren und richtig abschalten kannst.

Aber eines sollten wir dabei nicht vergessen:
Noch niemand hat je Klavier spielen gelernt, indem er ein Buch darüber las. Ein Musikinstrument zu spielen, lernen Sie durchs Tun - durch spielen, spiele, spielen und wieder spielen.
Kein einziges Buch und keine einzige Theorie können eigenes Üben und eigene Erfahrung ersetzen.

Sie können dabei viel von jemandem lernen, der selbst spielt und Erfahrung hat. Doch kein einziger Lehrer ersetzt Ihr eigenes Üben. Das Gleiche gilt für die Praxis der Achtsamkeit.[7]

Und wenn du zu den ungeduldigen Menschen gehörst, habe ich, sozusagen für zwischendurch, eine kleine Aufmerksamkeitsübung, die du bei deinem nächsten Treffen mit Freunden oder beim Gespräch mit deinem Partner, Arbeitskollegen oder Nachbarn mal ausprobieren kannst:

Einfach mal das Handy ausgeschaltet in der Tasche lassen und deine ungeteilte Aufmerksamkeit deinem Gegenüber widmen – denn auch das ist im Leben im Moment (Achtsamkeit).
Und vor allem – und das ist auch nicht unwichtig – ist es wertschätzend gegenüber deinem Gesprächspartner!
Also jegliche Ablenkung abschalten und dich ganz deinem Gesprächspartner widmen und ihm zuhören – und zwar nicht nur um ihm zu antworten, sondern versuche auch das, was er nicht sagt herauszuhören.
Sozusagen „zwischen den Zeilen zu lesen" und ihm mit deiner Antwort auch das Gefühl geben, dass du ihn verstanden hast. Frage eventuell nach, wenn du es nicht ganz verstehst – das zeigt Interesse. Aber denke immer daran – es muss ehrlich gemeint sein!
Glaub mir, deine Familie und Freunde werden es bemerken und du wirst dich wundern, wie schön, interessant und tiefgründig Gespräche sein können und was man, selbst bei einem Menschen den man schon lange kennt, noch „zwischen den Zeilen lesen" kann, wenn man mit ganzer, ungeteilter Aufmerksamkeit – nicht nur hört, sondern zuhört, was der Andere sagt!
Und sich selbst kann man – ganz nebenbei – mal eine Pause von der „ elektronischen Daten-Flut" gönnen...

Probiere es doch mal aus!

Du weißt ja – ***Übung macht den Meister!***

Wie ich aus eigener Erfahrung und auch aus vielen Gesprächen mit anderen Menschen sagen kann, wächst das Interesse an Meditation, Achtsamkeit und anderen Geistes- und Körperübungen, in unserer Gesellschaft seit Jahren ständig an.

Und das hat einen guten Grund:
Geistesübungen wie Achtsamkeit, Dankbarkeit und Gebet oder Körperübungen wie Yoga, Qi Gong und Tai Chi, oder progressive Muskelentspannung, haben ein beträchtliches Potential unser körperliches, geistliches und spirituelles Wohlbefinden zu verbessern.

Die wissenschaftlichen Studien über Geistesübungen im Hinblick auf unsere Gesundheit schaffen eine ständig wachsende Grundlage, die ihre Wirksamkeit bestätigt.
Es würde mich freuen, wenn dir dieses Buch dabei hilft, die negativen Auswirkungen, die Stress, Hektik und ständige Beschleunigung in unserem Leben haben kann, wenn wir sie nicht ernst nehmen, zu erkennen und ihnen entgegen zu wirken.

Doch wie können wir ihnen entgegen wirken?

Wir können ihnen mit Veränderungen unseres Lebensstils begegnen, mit Veränderungen, die auf der Kultivierung von Schweigen und Stille, von Bewusstheit, Selbstmitgefühl und Freundlichkeit und auf tiefer Einsicht in Leiden und seine Ursachen, sowie Einsicht in Glück und seine Ursachen beruhen.[8]

Gucken wir uns das Phänomen Stress doch einfach mal etwas genauer an...

Stress ade! – Gelassenheit kann man lernen

„Lass das Verhalten anderer nicht deinen inneren Frieden stören." **Buddha**

Es wurden schon viele Bücher über Stress geschrieben, in denen erklärt wird, wie man damit umgeht.
Es ist nützlich, zu hören, dass man das Tempo drosseln, eine Sache nach der anderen machen und zwischendurch still-stehen soll.
Es wird empfohlen, sich mehr Freizeit zu gönnen, in eine Wellnessanlage zu gehen, gesünder zu essen, mehr zu schlafen, sich mehr zu bewegen und sich eventuell einen Hund zu kaufen.
Wichtig ist, dass man versucht, die äußeren Stressfaktoren zu vermindern. [9]
Soweit Andries J. Kroese & Mareike Franken in ihrem Buch „Der achtsame Weg durch Stress und innere Unruhe".

Ich gehe sogar noch weiter und sage, es ist mindestens genauso wichtig, wie wir auf Stress reagieren und wie wir damit umgehen können. Denn darauf haben wir Einfluss – zumindest weit mehr, als auf äußere Stressfaktoren – die wir oft nicht beeinflussen können.

Aber mit dem Stress ist es wie mit schlechtem Wetter – wir können uns entweder darüber beklagen oder uns mit der passenden Kleidung dagegen wappnen!
Soll heißen, wenn wir unsere innere Einstellung zu Dingen, die wir nicht ändern können, ändern – können wir auch gelassener und somit stressfreier damit umgehen.

Jeder von uns kennt stressige Situationen - auf der Arbeit, wo der Terminkalender zu voll für eine kleine Verschnaufpause ist, uns ein Abgabetermin im Nacken hängt oder der Chef gerne mal wieder

Überstunden machen will – nur leider nicht allein... und gerade heute hatten wir doch einen wichtigen privaten Termin!

Viele Menschen erleben Stress während oder vor einer Prüfung, aber auch im Privatleben, wenn man mal wieder meint, zehn Dinge auf einmal erledigen zu müssen.

Wenn wir wieder mal über die Vergangenheit oder unsere Zukunft nachgrübeln oder uns bei Herausforderungen die aberwitzigsten Bilder ausmalen, was passieren könnte – wovon das meiste allerdings nie eintritt.

Hier hilft es allerdings nicht andere für unseren Stress verantwortlich zu machen, was wir ja nur allzu gerne tun.

Meistens sind es unsere eigenen Ängste, Nöte und Gedanken, die uns – oft unnötigerweise – in einer Stressspirale gefangen halten.

Du kennst sicherlich dieses schöne Beispiel, dass du dir bei beruflichen Aufgaben oder Anforderung immer wieder selber sagst: „Das muss ich unbedingt heute noch erledigen – egal wie!"

Wir sagen uns oft selbst: „Ich muss alles was andere an mich herantragen erledigen – möglichst sofort! Was sollen die sonst von mir denken!"

Solche oder ähnlich Sätze kennst du bestimmt aus eigener Erfahrung – obwohl ein klärendes Gespräch oder eine kurze Anfrage für einen Abgabetermin beim Chef oder Arbeitskollegen vielleicht ergeben würde, dass diese Angelegenheit auch noch einen Tag Zeit hat – wir machen uns also oft selber Druck und setzen uns damit unter Zeitdruck und erzeugen Stress!

Wenn wir uns also bei solchen Gedanken ertappen, ist es oft hilfreich erstmal zwei- dreimal tief durchzuatmen, uns zu entschleunigen, gedankliche einen Gang runterschalten – einen Schritt zurückgehen. Wir können uns selbst gut zu reden: „Erstmal tief durchatmen!", „Schön eins nach dem anderen!", „Ich krieg das schon hin!" usw.

Wissenschaftliche Studien haben gezeigt, dass positive und beruhigende Selbstgespräche durchaus hilfreich bei der Stressbewältigung oder Stressvermeidung sein können.

Jetzt könnten wir einfach sagen:

„Wenn du von störenden Gedanken verwirrt wirst, denke das Gegenteil" [10]

Nur leider ist das oft leichter gesagt, als getan!

Bevor wir uns jetzt damit beschäftigen, wie man Stress vorbeugen, reduzieren oder ganz vermeiden kann, stellen wir uns doch erst einmal die Frage:

Was ist Stress überhaupt?

Hier möchte ich gerne mal einen Fachmann zu Worte kommen lassen.

Edel Maex, Psychiater, Zen-Buddhist und Trainer für MBSR in Antwerpen:
Stress ist ein sehr allgemeiner Begriff. Er steht für alles, was uns belastet.
Wir können erkranken; uns Sorgen über Beziehung, Arbeit, Geld machen; überfordert werden und in einen Zustand der Erschöpfung geraten. Was gestern noch klar und unverrückbar schien, kann heute zu einer Quelle großer Unsicherheit werden.
Manchmal geht es einfach nicht mehr und niemand kann uns sagen, was nicht stimmt. Stress kann sich langsam in unser Leben einschleichen oder wie ein Blitz aus heiterem Himmel, von einem Augenblick auf den anderen unser ganzes Leben umwerfen.
Meistens kommt Stress unerwartet und unaufgefordert.

Stress hat zwei Seiten

Einerseits die Geschehnisse, die auf uns zukommen, andererseits die Reaktion unseres Organismus darauf.

Der Körper spielt hierbei eine wichtige Rolle. Wir besitzen nämlich lediglich einen Stressdetektor: Unseren eigenen Körper.
Wir bezeichnen „fühlen" nicht umsonst als „fühlen".
Gefühle fühlen wir mit unserem Körper. Der Körper ist das einzige Instrument, mit dem wir fühlen können.
Ein Computer kennt keine Gefühle, da er keinen Körper hat.
Auf diese Weise kann Stress körperliche Beschwerden verursachen.

Es gibt noch einen dritten Bestandteil:
Wie gehen wir mit Stress um? Was uns geschieht und was die automatischen Reaktionen unseres Köpers darauf sind, haben wir nicht selbst in der Hand. Worauf wir aber Einfluss aus-üben können, ist die Art und Weise unseres Umgangs damit. Dabei haben wir die Wahl.
Untersuchungen zeigen, dass das Gefühl von Stress größtenteils durch unseren Umgang damit bestimmt wird.

Achtsamkeit ist eine besondere Art und Weise des Umgangs mit dem, was auf uns zukommt. Umgang nicht allein mit Stress, auch mit den schönen Dingen des Lebens; doch meist geben gerade Stress und Schmerz uns die Motivation, uns auf die Suche zu begeben.

Der Stress entsteht im Kopf

Wir – also unser Gehirn - bewertet jede Situation im Hinblick auf ihre Bedrohlichkeit.
Und genau dort Oben – im Kopf, im Bewertungsprozess – können wir uns auch entstressen und damit entspannen.

Wir müssen uns vor allen Dingen erstmal eines klar machen:
Nichts und Niemand – nicht der nervige Chef oder Kollege, kein Termindruck, kein Multitasking oder sonst irgendetwas – nur *wir ganz alleine* sind für unseren Stress verantwortlich!

Und auch *nur wir* können uns letztendlich davon befreien!

Aber bevor wir jetzt dem „armen Stress" die ganze Schuld geben...

Stress ist – entgegen dem immer noch weit verbreiteten Mythos - nicht immer nur negativ.

Meistens ist der Stress nicht das wirkliche Problem, sondern das wir die Balance zwischen Stress und Entspannung nicht hinbekommen!

Bei der Arbeit nicht völlig bei der Sache und in der Freizeit nicht wirklich tief entspannt.
Fordern wir unseren Körper zu sehr und permanent heraus, ohne ihm auch mal Phasen der Entspannung zu gönnen, drohen tatsächlich Dinge wie Zusammenbruch, Burn Out – in extremen Fällen sogar (chronische) Depressionen.
Allerdings wird unser Körper und unser Abwehrsystem auch immer schwächer und unbelastbarer, wenn wir konsequent jeden Stress meiden. [11]

Der richtige Mix ist hier also sehr wichtig!

Im Internet kann man etliche Studien dazu finden.

Betreiben wir nicht regelmäßig Training für unser Herz-Kreislaufsystem – was für den Körper auch eine Art von Stress bedeutet – verliert das Herz mit der Zeit immer mehr die Fähigkeit Blut durch den Körper zu pumpen. Kurzatmigkeit und Atemnot sind die Folge.

Jeder, der schon einmal Ausdauer- oder Krafttraining gemacht hat, wird dies bestätigen können.
Trainiert man nicht regelmäßig, lässt die Muskelkraft nach.
Bei längeren Pausen im Training – vielleicht über Monate oder Jahre – oder wenn man gar nicht mehr trainiert, hat man einfach nicht mehr so viel Power. – sowohl körperlich, als auch mental.

Je mehr Sie Ihren Körper fordern, desto stärker signalisieren Sie ihm, an den Aufgaben zu wachsen. Man nennt das auch Superkompensation.[12]

Das Wachstum geschieht vorrangig in der Erholungsphase. Der limitierende Faktor ist hauptsächlich, wie viel Belastung Sie auszuhalten bereit sind. [13]

Also finde deine innere Balance und du wirst zufriedener, ruhiger und auch gesünder dein Leben genießen können.

Reg dich ab

Ein paar einfache Übungen und Tipps, die dir helfen können dich wieder abzureagieren (bei leichtem Stress):

- Gehe an einen ruhigen Ort, wo du allein und ungestört bist (notfalls das WC).
- Sorge dafür das du ungestört bist (Handy aus, ggf. Telefonhörer danebenlegen oder Telefon um leiten.
- Atme tief ein und aus. Atme dabei im Geiste mit: „Ein" – „Aus", „Ein" – „Aus".
- Wiederhole das so oft, bist du merkst, wie sich deine Muskulatur entspannt und dein Atem wieder ruhiger und fließender geht.
- Wenn du keinen ruhigen Ort finden kannst – nimm dir ein wenig Zeit, um aus dem Fenster zu blicken. Richte deine Gedanken ausschließlich auf die Dinge die du siehst.
- Oder mach einen kleinen Spaziergang, wenn du die Möglichkeit hast. Fünf bis zehn Minuten reichen meist schon aus um auf andere Gedanken zu kommen.

Trinken entspannt auch gut – aber bitte keinen Kaffee oder Tee – sondern möglichst erfrischendes Mineralwasser oder Saft. Konzentriere dich dabei auf das schluckweise Trinken.[14]

Wichtig ist: Du musst deine Emotionen wieder in den Griff bekommen, damit dir aus deiner Gereiztheit nicht eventuell noch mehr Schaden entsteht.

„Sei stets vergnügt und niemals Sauer – das verlängert deine Lebensdauer"

Und ein altes chinesisches Sprichwort besagt:

„Werde niemals zornig, sonst könntest du an einem einzigen Tag das Holz verbrennen, was du in vielen Wochen gesammelt hast."

In einigen Situationen hilft es auch, zu versuchen sich „einfach" mal in die Situation des anderen hinein zu versetzen – ich weiß, das bedarf einer Menge Selbstdisziplin, ist aber mit der Zeit und einer Menge Übung (Achtsamkeit) durchaus machbar.
Ich versuche das auch jedes Mal und immer wieder und konnte schon einige Erfolge für mich verbuchen. Ich führe mir dann folgendes vor Augen:

- „vermutlich ist das gar kein Idiot – der hat bloß Stress"
- „es hätte schlimmer kommen können"
- „Er / sie hat's sicher nicht so gemeint."
-

Oder frag dich mal, wie oft du in stressigen Situationen schon „überreagiert" hast.
Und dir sicherlich schon öfter gewünscht hättest, das die Person für dich Verständnis hat.

„We're all struggling, one way or another – so let's just be there for each other." Nanu Thakuri

Daran sollten wir immer denken: Wir alle strauchen vielleicht das ein oder andere mal – also lasst uns für einander da sein, anstatt uns das Leben unnötig schwer zu machen.
Diejenigen, die sich bereits auf den Weg der Gelassenheit befinden, werden sich sicherlich noch an die Anfänge erinnern.
Man merkt schnell, dass es gar nicht so einfach ist in stressigen oder angespannten Situationen gelassen zu bleiben – egal wie man es sich auch wünscht oder vorgenommen hat.
Du kennst das sicherlich zur Genüge – genau wie ich auch.

Wie wir weiter oben bereits gelernt haben, beginnt der Stress im Kopf.

Denn unsere Erfahrung und gedankliche Grundeinstellung ist die Basis für die Bewertung einer Situation und somit auch für unser Verhalten darauf.

Autopilot aus

Die meisten von uns werden von einem programmierten inneren Autopiloten gesteuert, der auf Stressfaktoren immer auf die gleiche Weise reagiert.

AT (Achtsamkeitstraining, Anm. des Autors) ist ein Prozess der Wahrnehmung, der Ihnen hilft, den Schalter des Autopiloten auszustellen und Situationen auf eine Stress reduzierende Weise anzugehen. Durch das Beobachten der eigenen Person bekommen Sie größere Selbsterkenntnis und ein realistischeres Selbstvertrauen.

„Sie können Wellen und Wind nicht verändern, aber mit Achtsamkeitstraining können Sie lernen, zu surfen." [15]

Lass mich dir dazu noch eine kleine Geschichte erzählen:

Es war einmal ein weiser Mönch, der von seinem Schüler gefragt wurde, wie man in angespannten Situationen Gelassen bleiben könne.

Der alte Meister hob ein Glas mit Wasser an und fragte seinen Schüler: "Was glaubst du, wie schwer ist dieses Glas?"

Noch bevor der Schüler antworten konnte fuhr er fort: „Wenn ich das Glas weiter so halte, wird mein Arm nach fünf Minuten wehtun. Nach zehn Minuten lässt sich der Schmerz schon nicht mehr ignorieren. Nach einer Viertelstunde leide ich Höllenqualen und bin ein sehr törichter Mönch.

Was kann ich also tun?

Sobald das Wasserglas so schwer ist, das ich es nicht mehr bequem in der Hand halten kann, sollte ich es für eine Minute abstellen. Nachdem sich mein Arm sechzig Sekunden lang erholt hat, kann ich das Glas wieder mühelos hochhalten." [16]

Wir sollten also den Grund für unseren „Stress" einfach mal für ein paar Minuten „abstellen" und uns selbst Ruhe gönnen – danach können wir wieder entspannt und mit neuer Kraft weitermachen.

Solltest du dich schon jemals nach der Ursache von Stress gefragt haben (nicht nur im Privatleben, ganz besonders auch im Arbeitsleben) – hier ist sie.
Es hat überhaupt nichts damit zu tun, wie viel du zu tun hast, es geht ausschließlich darum, das du nicht in der Lage bist, die Arbeit oder dein privates Vorhaben, auch mal einen Moment Arbeit oder Vorhaben sein zu lassen, um dich etwas auszuruhen, bevor du dein Päckchen anschließend wieder schulterst! [17]

Aber Stress entsteht auch, wenn wir den Eindruck haben, dass wir keinen Einfluss auf das haben, was uns widerfährt – wir aber mit der Situation umgehen können sollen. Je mehr wir uns als Opfer, denn als Täter fühlen, umso belastender erleben wir Aufgaben und Anforderungen an unsere Person.
Es ist also wichtig, dass wir lernen, Selbstbestimmt statt Fremdbestimmt zu handeln.
Doch wie können wir selbstbestimmter Handeln?
Hier ein paar Fragen und Anregungen, die dir eventuell dabei helfen können:
- Muss oder kann ich Arbeiten eventuell delegieren?
- Könnte oder sollte ich öfter auch mal Anforderungen Ablehnen, „NEIN" sagen – auch auf die Gefahr hin, vielleicht schief angesehen oder kritisiert zu werden?
  Oft ist ein „NEIN" zu anderen ein „JA" zu uns selbst!

-   Muss ich wirklich permanent erreichbar sein? Oder sollte ich mir öfter mal Auszeiten gönnen – zumindest nach Feierabend und am Wochenende.
-   Unterscheide zwischen „wichtig" und „dringend" – Notfalls durch eine klärende Rückfrage oder ein klärendes Gespräch – oft bringt das schon Klarheit und somit Entspannung.

Das 1 Sekunden Programm zur Stressbewältigung [18]

1. Rege dich nicht über Kleinigkeiten auf

2. Denke daran: Es gibt nur Kleinigkeiten!

…

Wie lautet doch gleich der Titel dieses Kapitels?

„Stress ade! – Gelassenheit kann man lernen"

Und wir wollen uns jetzt mal anschauen, wie…

Wie kann ich Gelassenheit lernen?

Jeder von uns kennt solche Situationen, wenn einem alles zu viel wird. Wir haben bereits einige davon angesprochen und jede von uns kann sicherlich ein eigenes Lied davon singen!
In solchen Situation wird unser GMV (unser „gesunder Menschenverstand") von starken Emotionen blockiert und objektives Denken und Handeln wird einfach verdrängt.

Wenn es uns zu viel wird – teilen wir aus!

Und oft auch leider an Personen, die nicht einmal etwas dazu beigetragen haben, geschweige denn, etwas dafür können…
Wenn du in einem Callcenter oder als Telefonverkäufer arbeitest, wirst du wissen, was ich meine!

Wut und Enttäuschung lassen unsere Kontrollinstanz die uns an Erziehung, Konventionen und Regeln erinnern und uns bremsen soll, ausfallen und uns, manchmal auch schon auf die kleinsten Dinge, mit unbedachten Verhalten und irrationalen Reaktionen reagieren.
Hinter her erkennen wir weder uns, noch unser Verhalten oft selbst nicht wieder.[19]

Aber auch solche Situationen lassen sich positiv bewältigen, wenn wir gelassen bleiben.

Die Basis für Gelassenheit

sind folgende vier Punkte:

- Ruhe und Ordnung im Kopf,
- Akzeptanz von Unabänderlichem,
- maßvoller Umgang mit sich und anderen und
- angemessenes Benehmen
-

Was bedeutet das genauer?
Gelassenheit schafft Ordnung im Kopf. Das ist weit mehr als nur das Fehlen von Stress: Es ist ein Zustand von Souveränität und Angstfreiheit. Dies gibt Zuversicht und die Gewissheit, eine schwierige Situation in den Griff zu bekommen. Gelassenheit verhindert das hinein steigern in Emotionen.
Zudem steckt in dem Wort „Gelassenheit" auch das Wort „lassen". Tatsächlich gelangt man zu Gelassenheit, wenn man es schafft, andere Menschen so sein zu *lassen*, wie sie eben sind. Wenn wir akzeptieren, bestimmte Dinge geschehen zu *lassen*, auch wenn wir sie nicht gut finden. Und manchmal ist es auch hilfreich, etwas ganz wegzu*lassen* bzw. loszu*lassen*.[20]

„Love it, change it or leave it
Liebe (akzeptiere) es, ändere es oder verlasse es"
(das Entscheidungsdreieck)

Wer gelassen ist, fühlt und verhält sich ausgeglichen.
Dadurch wirkt er auch auf andere ausgleichend.
Gelassenheit ist die souveräne Beherrschung einer Situation. Sie ermöglicht achtsamen Umgang mit sich und anderen.

Wenn wir die Alarmsignale wahrnehmen können, bevor die Stimmung kippt, können wir aktiv gegensteuern und uns zielführender verhalten.

Durch die veränderte Einstellung auf eine Situation kannst du vermeiden, auf 180 zu kommen.

Problem gelöst?

Die Frage, die darüber entscheidet, ob wir gelassen bleiben oder nicht, ist:

Wie sehen wir unsere Lösungsfähigkeit in Bezug auf ein Problem? Fühlen wir uns imstande, eine Aufgabe oder ein Problem anzupacken und zu bewältigen, dann sind wir in der Lage, gelassen zu bleiben.

Wenn wir also gelassen bleiben wollen, müssen wir dafür sorgen, die eigene Lösungsfähigkeit zu erkennen, zu erhalten und auszubauen. Dadurch ergibt sich eine positive Spirale: Je mehr Möglichkeiten wir wahrnehmen, desto besonnener bleiben wir – und je besonnener wir an die Dinge herangehen, desto mehr Handlungsspielraum haben wir. [21]

Die Basis der Gelassenheit kennen wir nun – aber...

Wie erreichen wir Gelassenheit?

Zunächst einmal sollten wir uns klar machen, dass wir unsere „schlechten" Angewohnheiten und Verhaltensmuster nicht von heute auf morgen ändern können.
Wir haben sie über Jahre und Jahrzehnte „kultiviert".
Die „Taktik der kleinen Schritte" ist gerade zum Erlernen der Achtsamkeit und zum Erreichen von Gelassenheit nach meiner Erfahrung der richtige Weg.
Auch wenn wir gerne sofort in allen Situationen gelassen reagieren möchten, ist dies leider nicht möglich.

Aber vergiss nicht:

Jede kleine Verbesserung, jeder kleine Erfolg ist bereits ein Schritt in die richtige Richtung!

Also bleib gelassen mit dir selbst!

Gib dir Zeit!

Rückfälle in alte Muster oder auch der eine oder andere Fehler, der sich einschleicht – alles ist okay, so lange wir nur dranbleiben. Und uns immer wieder darin erinnern, was unser Ziel ist. Denn...

„Wer das Ziel kennt, kann entscheiden. Wer entscheidet, findet Ruhe. Wer Ruhe findet, ist sicher. Wer sicher ist, kann überlegen. Wer überlegt, kann verbessern." **Konfuzius**

Was kann uns also helfen Gelassenheit zu üben, zu erlernen und zu erhalten?
Dazu müssen wir uns erstmal klar machen, was der Grund für „Ungelassenheit" ist...

Was ist Ungelassenheit?

Meist liegt es nämlich an uns – genau wie beim Stress.
Wir klammern uns oft an die alte Vorstellung, dass das Leben anstrengend und schwierig sein muss.
Nach meiner Erfahrung, als Ausbilder und Vorgesetzter, aber auch seit ich damit begonnen habe meine Umwelt, und somit die Menschen in meiner Umgebung, achtsamer zu behandeln, zu beachten und zu *beobachten* – habe ich festgestellt:
Wir definieren uns oftmals über „Leid".
Alles muss stressig und hektisch sein – denn wenn das Leben auch mit Leichtigkeit zu genießen wäre – dann wären ja schließlich alle glücklich, gelassen und zufrieden...oder nicht?

Jetzt wirst du vielleicht sagen „Ja genau – dann könnte es ja jeder!" – RICHTIG!

Leider muss ich dich enttäuschen – das Leben ist wesentlich einfacher als wir es uns denken...
Und jeder kann glücklicher, gelassener und zufriedener werden und leben - wir müssen das nur wieder für uns entdecken!

Und einer Rückkehr ins Paradies steht nichts mehr im Wege...

Wir müssen erkennen, dass nur wir auch dazu in der Lage sind... und

Das Zauberwort heißt loslassen...

Loslassen von alten Vorstellungen, Denkweisen, Vorurteilen
Verhaltensmustern und Theorien.

„Wenn nichts mehr sein kann, wie es war.
Nichts ist, wie du es dir wünschst.
Und nichts sein wird, wie du es dir erträumst.
Dann ist es an der Zeit, alles zu vergessen was war,
loszulassen und neue Wege zu gehen!"

Gelassenheit ist allerdings mehr, als „nur" eine Übung oder eine
Technik zur Entspannung.
Eine Technik wirkt momentan entspannend, aber sie macht die Seele
nicht wirklich frei und gelassen. Gelassenheit ist etwas Umfassendes.
Sie ereignet sich nicht, vermittelt durch ein äußeres Hilfsmittel,
sondern geschieht in der Tiefe der Seele.
Sie ist nicht mit gutem Willen herbeizuzaubern, sie ereignet sich ohne
Anstrengung, sie ist keine Leistung.
Gelassenheit stellt sich von selbst ein, wenn ein bestimmter seelisch-
geistiger Zustand erreicht ist.
Je mehr man sie herbei zwingen will, umso weiter weicht sie zurück.

Jetzt fragst du dich vielleicht – ja wie kann ich denn dann
Gelassenheit aus einem Buch lernen...

Du kannst – es gibt nur eben keine einfache, klare technische
Anleitung zur Gelassenheit, die man nur peinlich genau befolgen
müsste und dann würde sich die ersehnte seelische Ausgeglichenheit
automatisch einstellen.

Dem ist nicht so – wir müssen uns dem Phänomen viel mehr auf vielen Umwegen nähern, wie einem Schmetterling, der sich immer wieder dem direkten Zugriff entzieht.
Es reicht nicht, das der Verstand die Übungen, Lehren und Regeln erfasst – durch das bloße, sachliche zur Kenntnis nehmen allein ist nichts gewonnen.

„Es reicht nicht zu wissen – du musst es auch anwenden!
Es reicht nicht zu wollen, du musst es auch tun!" Bruce Lee

Nicht nur der Verstand allein muss erfassen, sondern auch das Herz, die Gefühle wollen beteiligt sein, auch die Sinne, der ganze Körper und der Kern der Seele, dann geschieht mehr als Verstehen – dann geschieht Erkenntnis. [22]

Wege zur Erkenntnis

„Nur der Erkennende lebt wirklich und wahrhaftig!" Christian
Morgenstern

Das Herz frei machen

Die beste Prophylaxe gegen den Herzinfarkt ist Herzlichkeit,
emotionale Aufgeschlossenheit, die Fähigkeit mit Stressfaktoren
offen umzugehen, Stresserlebnisse zu registrieren, aber Abstand
dazu zu gewinnen und trotzdem die herzliche Aufgeschlossenheit
nicht zu verlieren: Das Herz Weit und offen halten, alles verstehen,
alles zulassen, sich gegen nichts sperren und verengen.
Wir müssen unser Herz weit machen, müssen weiter Raum werden,
damit die Liebe und Erkenntnis, Mitgefühl und Achtsamkeit Platz
haben darin zu wohnen

Den Geist frei machen...

... von Maßstäben, Regeln, Maximen, Erwartungen.
Wieder offen werden für Neues – vorurteilsfrei und aufgeschlossen.
Die eigene Logik nicht überbewerten – die Intuition ist ein
gleichberechtigter Faktor der Erkenntnis.
Es geht nicht immer um Analyse und Zergliederung, auch das
Gegenteil, die Synthese, die Zusammenfügung, ist ein Weg zur
Erkenntnis.
Also nicht nur der Geist oder Verstand, das Denken ist der „Meister"
– deine Ganzheit als Mensch ist es. [23]

Machen wir uns also frei von dem Gedanken, alles müsse immer
einen Sinn ergeben - mein Spieß bei der Bundeswehr sagte immer:

„Männer merkt euch eins – ihr müsst nicht alles verstehen!"

Und es stimmt!
Ich bin eigentlich ein Mensch, der den Sinn hinter Allem verstehen
will –
Wieso hat mein gegenüber jetzt so reagiert?
Was hat mich dazu gebracht, mich aufzuregen?
Oder wieso funktioniert Excel jetzt schon wieder nicht?

Aber es ist eben auch sinnvoll, dass nicht immer gleich zu wollen –
mit ein bisschen Abstand lassen sich Dinge oft einfacher klären,
beziehungsweise erklären.
Manchmal (er)klärt sich eine Sache sogar von selbst – wenn man
Geduld hat und ihr Zeit lässt.

Mein Onkel hat mir schon früh beigebracht, eine wichtige
Entscheidung nicht sofort zu fällen, sondern, wenn möglich
mindestens *„...eine Nacht darüber zu schlafen..."*

Meine Mutter hat übrigens eine ähnliche Technik, wenn sie
einkaufen geht und nicht weiß – soll ich das jetzt kaufen oder nicht?
Sie muss dann, wie sie immer so schön sagt, erst nochmal damit
„schwanger laufen", d. h. es in Ruhe, vielleicht bei einer schönen
Tasse Kaffee und einem Stück Kuchen, überdenken, bevor sie sich
entscheidet.

Dinge mit einem gewissen Abstand und aus „geistiger Ferne" zu
betrachten, hilft mir, gelassener an Etwas heranzugehen oder damit
umzugehen.

Es gelingt mir noch nicht immer – aber immer öfter! Und ich werde
auf jeden Fall dran bleiben!

Wir sollten aber nicht vergessen, dass zur Wahrnehmung nicht nur unser Geist, unser Verstand beiträgt...
...lassen wir auch den Rest des Körpers zu Wort kommen, wenn wir die Welt richtig erkennen und verstehen wollen.

Wie sagt Robert Betz sinngemäß so schön in seinem Hörbuch „Mich selbst lieben lernen": Hören Sie mit Ihrem ganzen Körper zu. Ihre Zellen können die Wahrheit herausfinden. Wenn sich eine Situation, ein Satz oder eine Aussage nicht gut anfühlt – dann ist sie auch nicht wahr!"

Ich liebe dieses Hörbuch – ich höre es immer wieder mal und kann es dir nur wärmstens empfehlen, wenn du lernen willst, dich von alten, fremden Denkmustern zu befreien, die Welt mit eigenen Augen sehen und mit eigenen Gedanken erkennen und wahrnehmen willst – und du lernen möchtest, dich selbst (wieder) zu lieben...

Aber zurück - den Rest des Körpers – das Herz, die Seele, das *Bauchgefühl* – all dies gehört mit zu uns und unserer Wahrnehmung und zu unserer Sichtweise auf die Welt.
Zu unserem Blick auf unsere Umgebung und auf unsere Mitmenschen – und Schlussendlich auch auf uns selbst.

Nur so nebenbei: Viele Menschen sind ja der Meinung, dass man den Mainstream Medien abschwören sollte – Nachrichten sind sowieso nur Meldungen, die bereits „nach-gerichtet", also schon so bearbeitet wurden, dass sie nur das zeigen, was du sehen sollst – deswegen heißen sie auch so...

Und Filme... - die tragen ja nun gar nichts zur Bildung bei.
Ich möchte hier zwei kleine Sätze als Beispiel bringen, dass dem eben nicht so ist...
Sie stammen aus meiner Lieblings Film Reihe „Star Wars".

Sie passen ganz gut zum Thema Wahrnehmung, wie ich finde:

„Deine Augen können dich täuschen – traue ihnen nicht!"
(Obi Wan Kenobi)

Dies passt zu der Aussage von Herrn Betz – mit dem ganzen Körper zuhören und wahrnehmen.

„Deine Wahrnehmung bestimmt deine Realität."
(Qi Gon Jin)

Diese beiden Sätze passen nicht nur zum Thema des Kapitels, sie zeigen auch, dass – wenn man nur aufmerksam genug ist und mit einem offenen Geist durch die Welt geht – auch aus scheinbar „unrealistischen" und „nicht-bildenden" Filmen noch etwas lernen kann.
Wir werden im Laufe des Buches noch mehr Beispiele dafür finden...

Wir haben es in der Hand!

Bringen wir uns also aus der Rolle des Opfers heraus, in dem wir erkennen, das nicht ein Umstand oder ein anderer Mensch „schuld" an Etwas ist.
Erkennen wir, dass diese Sichtweise – ein Problem für Etwas, immer außerhalb von uns selbst zu suchen – zwar auf den ersten Blick angenehm ist, aber eben auch eine große Gefahr in sich birgt.

Wir reflektieren so unser eigenes Verhalten nicht – und ändern können wir es dann logischerweise auch nicht...

Das führt uns zu dem Glauben, das wir nur ein gelassenes Leben führen können, wenn uns günstige Umstände, und die Menschen in unserer Umgebung, uns dies auch gestatten – ohne uns immer zu nerven und auf uns herum zu trampeln und zu stressen.

Diese Denkweise ist auf den ersten Blick auch schön bequem, denn mit diesem Glauben haben wir ja auch gar keinen Einfluss darauf – die anderen sind ja immer Schuld.
Selbstverständlich müssen wir dann nichts verändern.

Wir müssen uns dann allerdings auch nicht wundern, wenn wir nicht gelassener werden.[24]

Also los – raffe dich auf und nehme dein Leben in deine eigenen Hände.

- Stehe zu deinen Entscheidungen – auch wenn sie falsch sind!
- Übernehme Verantwortung für deine Taten und Worte!
- Reflektiere dich selbst – und lerne daraus!
- Und werde endlich der Mensch, der du im Innern schon immer warst!

Es ist so spannend – ich kann es dir nur von ganzem Herzen empfehlen!

Wir haben nun einiges zum Thema Gelassenheit gelesen und ich möchte dieses Kapitel gerne mit ein paar TIPPs für deine „Roadmap" auf dem Weg zu dir Selbst abschließen.

TIPPS für deine Roadmap

Denke zukünftig daran bevor du handelst –
dann wirst auch du gelassener werden.

- Viele Dinge sind nicht so, wie sie auf dem ersten Blick erscheinen – „Blicke also auch hinter die Kulissen"
- Alles was wir hören ist eine Meinung, kein Faktum – höre immer alle Beteiligten, bevor du urteilst.
- Alles was wir sehen ist eine Perspektive, nicht die Wahrheit – akzeptiere auch andere Meinungen.
- In der Wut verliert der Mensch seine Intelligenz – beruhige dich bevor du handelst.
- Kontrolle ist eine Illusion – akzeptiere, was nicht zu ändern ist.
- Lass das Verhalten anderer Menschen nicht deinen inneren Frieden stören – du bist der Architekt deines Lebens und deines Glückes Schmied.
- Love it, change it, or leave it - wenn dir etwas gut tut, dann pflege / liebe es, wenn dir etwas nicht gut tut, dann ändere es. Und wenn du es nicht ändern kannst, dann verlasse es!
- Der Schlüssel zu deinem Glück bist du – und nur du!
- Manchmal ist es an der Zeit sich Zeit zu nehmen – mach auch mal Pause, gönne dir selbst etwas.
- Die Einschätzung einer Situation ist immer subjektiv – versuche, nicht nur nach *deinen* Werten und Vorstellungen zu beurteilen. Akzeptiere auch andere Denk- und Sichtweisen – selbst wenn du sie nicht verstehst.

- Befreie dich von Glaubenssätzen – sie nehmen dir deine Gelassenheit.
-

Diese Liste ließe sich noch um einiges erweitern.

Denke mal über Situationen aus deiner Vergangenheit nach und dir werden sicherlich noch eigene „Ratschläge" einfallen.
Schreib sie am besten gleich mit auf die Liste und trage sie immer bei dir.
Dann hast du sie bei Bedarf Griffbereit... deine „Roadmap für deinen Weg zu dir Selbst".

Die nächste Geschichte ist ein sehr schönes Beispiel dafür.

Eine wundervolle Liste

Eines Tages bat eine Lehrerin ihre Schüler, die Namen aller anderen Schüler der Klasse auf ein Blatt Papier zu schreiben und ein wenig Platz neben den Namen zu lassen.

Dann sagte sie zu den Schülern, sie sollten überlegen, was das Netteste ist, das sie über jeden ihrer Klassenkameraden sagen können und das sollten sie neben die Namen schreiben.

Es dauerte die ganze Stunde, bis jeder fertig war und bevor sie den Klassenraum verließen, gaben sie ihre Blätter der Lehrerin.

Am Wochenende schrieb die Lehrerin jeden Schülernamen auf ein Blatt Papier und daneben die Liste der netten Bemerkungen, die ihre Mitschüler über den Einzelnen aufgeschrieben hatten. Am Montag gab sie jedem Schüler seine oder ihre Liste.

Schon nach kurzer Zeit lächelten alle.

„Wirklich?", hörte man flüstern. *„Ich wusste gar nicht, dass ich irgendjemandem was bedeute!"* und *„Ich wusste nicht, dass mich andere so mögen"*, waren die Kommentare.

Niemand erwähnte danach die Listen wieder.

Die Lehrerin wusste nicht, ob die Schüler sie untereinander oder mit ihren Eltern diskutiert hatten, aber das machte nichts aus. Die Übung hatte ihren Zweck erfüllt. Die Schüler waren glücklich mit sich und mit den anderen.

Einige Jahre später war einer der Schüler gestorben und die Lehrerin ging zum Begräbnis dieses Schülers. Die Kirche war überfüllt mit vielen Freunden. Einer nach dem anderen, der den jungen Mann geliebt oder gekannt hatte, ging am Sarg vorbei und erwies ihm die letzte Ehre.

Die Lehrerin ging als letzte und betete vor dem Sarg.

Als sie dort stand, sagte einer der Anwesenden, die den Sarg trugen, zu ihr:

„Waren Sie Marks Mathelehrerin?"
Sie nickte.
Dann sagte er: „Mark hat sehr oft von Ihnen gesprochen."

Nach dem Begräbnis waren die meisten von Marks früheren
Schulfreunden versammelt. Marks Eltern waren auch da und sie
warteten offenbar sehnsüchtig darauf, mit der Lehrerin zu sprechen.
„Wir wollen Ihnen etwas zeigen", sagte der Vater und zog eine
Geldbörse aus seiner Tasche. „Das wurde gefunden, als Mark
verunglückt ist. Wir dachten, Sie würden es erkennen."

Aus der Geldbörse zog er ein stark abgenutztes Blatt, das
offensichtlich zusammengeklebt, viele Male gefaltet und auseinander
gefaltet worden war. Die Lehrerin wusste ohne hinzusehen, dass dies
eines der Blätter war, auf denen die netten Dinge standen, die seine
Klassenkameraden über Mark geschrieben hatten.
„Wir möchten Ihnen so sehr dafür danken, dass Sie das gemacht
haben", sagte Marks Mutter. „Wie Sie sehen können, hat Mark das
sehr geschätzt."
Alle früheren Schüler versammelten sich um die Lehrerin.
Charlie lächelte und sagte: „Ich habe meine Liste auch noch. Sie ist in
der obersten Schublade in meinem Schreibtisch."
Die Frau von Heinz sagte: „Heinz bat mich, die Liste in unser
Hochzeitsalbum zu kleben."
„Ich habe meine auch noch", sagte Monika. „Sie ist in meinem
Tagebuch."
Dann griff Irene, eine andere Mitschülerin, in ihren Taschen-kalender
und zeigte ihre abgegriffene und ausgefranste Liste den anderen. „Ich
trage sie immer bei mir." sagte sie und meinte dann: „Ich glaube, wir
haben alle die Listen aufbewahrt."
Die Lehrerin war so gerührt, dass sie sich setzen musste und weinte.
Sie weinte um Mark und für alle seine Freunde, die ihn nie mehr
sehen würden.

Im Zusammenleben mit unseren Mitmenschen vergessen wir oft, dass jedes Leben eines Tages endet und dass wir nicht wissen, wann dieser Tag sein wird. Deshalb sollte man den Menschen, die man liebt und um die man sich sorgt, sagen, dass sie etwas Besonderes und Wichtiges sind.

von Helen P. Mrosla [25]

Diese Geschichte wollte ich dir gerne vorstellen.
Ich finde, sie zeigt uns sehr schön, dass wir nie vergessen sollten, dass wir alle unsere netten Seiten haben – auch wenn wir sie manchmal selbst nicht erkennen können.
Also versuche, in anderen, aber auch in dir selbst, immer das Nette und Positive zu sehen.

Und wenn du magst und dich traust – bitte doch deine Familie, Freunde, Verwandten, Kollegen und Kolleginnen auch einmal darum, aufzuschreiben, was sie an dir schätzen – und bastel dir deine eigene „Wundervolle Liste"…

Ich habe auch eine und jedes schöne Kompliment wird darauf vermerkt! So wächst sie stetig – genauso, wie deine positive Sichtweise auf dich selbst und andere!

Und auch wenn es dir manchmal so vorkommt - kein Mensch ist auf der Welt, nur um dir zu schaden oder dir weh zu tun.
Es steckt fast immer eine eigene Geschichte dahinter – und mit der Methode der Achtsamkeit kannst du lernen, dies zu erkennen und bei deiner Reaktion zu berücksichtigen.
Probiere es aus!

Ich wünsche dir viel Glück und Erfolg auf deinem Weg zur Gelassenheit…

... und denke immer daran:

„Das Glück deines Lebens hängt von der Beschaffenheit deiner Gedanken ab" Marc Aurel

Glück

„Menschen, die sich über Kleinigkeiten freuen und nicht alles als selbstverständlich nehmen, werden wirklich glücklich."

Hier haben wir schon mal eine Definition von Glück – kleinen Dingen mehr Beachtung schenken und nichts als selbstverständlich betrachten.
Aber ist das wirklich schon alles?

Ich glaube, das sind zumindest wichtige Bausteine...

Viele Menschen sind glücklich, wenn sie sich eine lang ersehnte Reise oder ein neues Auto, eine teure Uhr oder ähnliches leisten können. Wenn sie ihre Wünsche erfüllt bekommen – also materielle Dinge! Doch ich habe für mich erkannt – Glück bedeutet nicht alles zu haben, was du dir wünscht oder was du haben willst – denn meistens macht es nur so lange glücklich, bis du dich daran gewöhnt oder wieder etwas entdeckt hast, was du meinst unbedingt haben zu müssen.
Glück bedeutet für mich mittlerweile, sich an den Dingen zu erfreuen und für die Dinge dankbar zu sein, die ich habe.

Früher habe ich auch immer gedacht – wenn ich ein schönes Haus, ein tolles Auto und viel Geld habe – dann bin ich auch glücklich. Für eine gewisse Zeit stimmt das sicherlich auch, aber...

„Wer nicht mit dem zufrieden ist, was er hat. Der wäre auch nicht mit dem zufrieden was er bekommt!"

Heute weiß ich, Glück lässt sich nicht an materiellen Dingen festmachen. Glück ist für mich, wenn ich und meine Liebsten Gesund sind, wenn ich ein Dach über dem Kopf und immer genug zu essen im Haus habe, wenn ich Zeit mit Familie, Freunden oder generell netten Menschen verbringen kann. Gute Gespräche führe, mein Leben genießen kann (auch vom Kopf her).

Und ja – auch den kleinen Dingen im Leben mit Aufmerksamkeit und Achtsamkeit begegne.
Heute kann ich wieder einen Sonnenaufgang bestaunen, bin fasziniert, wenn ich Rehe, Bussarde oder auch nur eine kleine süße Feldmaus in freier Natur sehe. Das Glück habe ich auf meinem Weg zur Arbeit sehr häufig – nur ist es mir früher nie aufgefallen!

Sehe, wie meine Kinder groß und erwachsen werden und lernen das Leben zu meistern. Und zu eigenen Persönlichkeiten heranwachsen.

Natürlich macht mich auch – zumindest für den Augenblick - immer noch ein gutes Essen in netter Gesellschaft – oder alleine mit meiner Frau -, ein Kinobesuch oder ein Abend bei oder mit guten Freunden , ein Bad bei Kerzenschein oder auch mal einen Gammeltag auf der Couch – alleine oder zu zweit, glücklich.
Und ich genieße diese auch oft und mit vollem Bewusstsein.

Aber ich habe auch endlich gelernt, was mich dauerhaft glücklich macht – meine neue positive Lebenseinstellung!
Zu versuchen, Alles und Jedem etwas Gutes abzugewinnen und das Leben und so viele Augenblicke wie möglich, zu genießen.
Das ist zwar nicht immer leicht und oft gelingt es mir auch gar nicht, aber wenn, dann ist es wirklich ein sehr schönes Gefühl. Das Gefühl wieder ein Stückchen gewachsen zu sein – mental.
Ich kann es dir – und auch Jedem anderen - nur wärmsten empfehlen!

Denn das Problem, welches wir uns durch Erziehung, Medien, unsere Umwelt, unsere Gesellschaft und auch letztlich durch uns und unseren Vorstellungen, selbst erschaffen ist …

„Man will nicht nur glücklich sein, sondern glücklicher als die anderen. Und das ist deshalb so schwer, weil wir die anderen für glücklicher halten, als sie sind." Montesquieu

Ich glaube, da ist etwas Wahres dran!

Also mach dein Glück nicht von anderen abhängig (auch nicht von mir) – sondern finde deinen eigenen Weg zum Glück.

Ich habe mir in einer stillen Stunde mal Gedanken gemacht, was mich glücklich macht.

Und sie natürlich in meine Roadmap geschrieben…

TIPPS für deine Roadmap

Für meine eigene Roadmap habe ich mir Gedanken gemacht, was mir hilft glücklich zu sein (und ich erweitere sie ständig):

- Lächle – und die Welt lächelt zurück
- Entspanne dich
- Vergebe dir und anderen
- Setze dir Ziele und glaube an dich
- Rede weniger – höre mehr zu
- Verurteile weniger – akzeptiere mehr
- Sieh weniger zu – tu mehr
- Sei immer DU selbst – die Anderen gibt es schon
- Hör nie auf zu träumen
- Genieße die kleinen Dinge
- Sei dankbar für das, was du hast und was du bist
- Nutze deine Lebensenergie für deine Selbstverwirklichung
- Teile dein Glück und tue Gutes für andere
- Umgib dich, wenn möglich, mit Menschen, die dir gut tun
- Sei auch mal mit dir allein – und gönne dir Erholung
- Liebe ehrlich und ganz – auch dich und dein Leben
- Warte nicht auf etwas – genieße jeden Augenblick
- Nicht nachtragend sein
- Zufrieden sein
- Sieh das Gute und Positive in allen Dingen

Und wie geht es einfacher Dinge positiv zu sehen, als mit einem Lächeln...

Hierzu mal

Eine kleine morgendliche Übung

(du kannst sie auch gerne öfter am Tag machen, du kennst ja
bestimmt das Sprichwort – *„Übung macht den Meister"*):

Viele Menschen sind heutzutage ja sehr fitnessbegeistert und
verbringen einen Großteil ihrer Freizeit im Fitnessstudio um ihren
Körper gesund zu halten...
Um ihre Emotionen kümmern sie sich allerdings längst nicht so gut,
sie werden immer noch allzu schnell wütend und ärgern uns über
unnötige Angelegenheiten.
Deshalb möchte ich dir hier das „Jeden Morgen zwanzig Push-ups"
Programm von Ajahn Brahm vorstellen:

Jeden Morgen, nachdem du dir die Zähne geputzt hast, stelle dich auf
die weiche Matte vor dem Waschbecken. Die Füße knapp
schulterbreit auseinander. Atme drei- bis viermal aus und ein, um
dich zu entspannen. Hebe deine Arme und winkle sie so an, dass sich
deine Hände auf der Höhe deines Gesichtes befinden.
Lege jetzt deine Zeigefinger rechts und links an die Mundwinkel.
Dann schau in den Spiegel und zieh die Mundwinkel nach oben.

Und eins !

Lasse dann deinen Mund wieder in seine normale Elendsmiene
zurückgleiten.
Ziehe dann die Mundwinkel wieder hoch.

Und zwei !

Wiederhole diese Übung zwanzigmal.
Und kein Mal weniger !

Auf diese Weise musst du nicht nur jeden Morgen über dich selbst lachen, sondern trainierst die Muskulatur rund um deine Mundwinkel so intensiv, dass du auf Dauer auch leichter über das Leben lachen und ein Lächeln viel länger aufrechterhalten kannst. [26]

Ich mache diese Übung immer ganz besonders gerne, wenn ich morgens schlecht gelaunt aufwache, weil ich vielleicht nicht gut oder nicht genug geschlafen habe.

Ob du es glaubst oder nicht – es hilft tatsächlich – ich kann bei dieser Übung unmöglich ernst bleiben – und schon gar nicht verärgert.

Ich lade dich herzlichst ein, es auch mal auszuprobieren!

Wir haben uns nun schon einige Themen angeschaut und du hast einige Regeln und Übungen kennengelernt (und wir werden noch mehr kennenlernen), die dir dabei helfen können, dein Leben wieder mehr in die eigenen Hände zu nehmen, glücklicher, lebensfroher zu werden und dich und dein Leben wieder liebens- und lebenswert zu machen.

Deinen eigenen Weg zu finden und auch konsequent zu gehen! Als Hilfsmittel kann uns unsere Roadmap, unsere Straßenkarte, für unseren eigenen Weg dienen.
Du hast sie schon ein paarmal kennengelernt.

Du hast einige Sprichwörter und Geschichten gelesen, die dich vielleicht inspiriert haben und dich eventuell auf deinem weiteren Weg begleiten werden.

Wir haben über Achtsamkeit, Gelassenheit und Stress gesprochen.

Doch eine ganz wichtige Sache auf dem Weg in unser neues Leben haben wir uns noch nicht angeschaut – wobei ich diese Sache eigentlich am wichtigsten finde.
Denn ohne sie macht das ganze überhaupt gar keinen Sinn.

Die Veränderung – sie ist es, die uns erst ermöglichen wird ein neues Leben zu führen.
Veränderung – und ganz besonders - unsere Bereitschaft dazu…!

Veränderung: Ein schwerer Weg mit vielen Hindernissen

„Es ist nicht die stärkste oder intelligenteste Art, die überlebt. Es ist die Art, die sich Veränderungen am besten anpasst."
Charles Darwin

Veränderung ist in unserer Gesellschaft immer noch vieler-orts negativ behaftet.

Sätze wie:"… ich will mich nicht verändern, ich mag mich so wie ich bin…" oder „… ich verändere mich doch nicht für andere. Ich lass mich nicht verbiegen..." höre ich sehr oft, wenn ich mit anderen Menschen über dieses Thema spreche.

Das ist aber auch gar nicht der Grund für eine Veränderung – sich für andere zu verbiegen.
Ganz im Gegenteil – wer sich nur für andere verändert um zu gefallen, hat den Sinn dahinter nicht verstanden.

„Wenn du immer nur versuchst, es anderen recht zu machen, wirst du immer auch einen vergessen – dich selbst!"

Als aller erstes musst Du dich von dem Gedanken befreien, etwas für andere zu tun.
Du macht es für dich - für ein erfüllteres, schöneres und intensiveres Leben.

Wir verändern uns von der ersten Sekunde unsere Geburt an – genau genommen sogar schon früher…, wenn wir bedenken, wie wir alle mal angefangen haben – als Samen und Eizelle!

In der Kindheit und der ersten Lebenshälfte – meistens bis man „erwachsen" geworden ist – nennen wir diese Veränderung „Entwicklung" und diese wird in den meisten Fällen als positiv empfunden.

Nur im Alter bekommt das Wort Veränderung einen negativen Touch.

Aber auch ältere und „alte" Menschen wollen und können sich auch verändern. Und wir werden im Kapitel „Ein Neubeginn" uns später noch ansehen, dass Veränderung und Etwas Neues zu beginnen, immer und zu jeder Zeit und in jedem Alter möglich ist.

Alles verändert sich ...

... und das ständig.

Wir verändern uns - ganz einfach indem wir älter werden.

Unser Aussehen verändert sich – wir nehmen zu oder ab, lassen uns eine neue Frisur machen, betreiben Sport oder Fitness, wodurch sich nicht nur unser Äußeres verändert, sondern auch unser Inneres.

Wir lernen neue Dinge und neue Menschen in unserem Leben kennen – was vielleicht dazu führt, dass wir uns neue Gewohnheiten zu- – oder die Alten ablegen.

Wir legen uns vielleicht neue Hobbies zu – und erweitern damit unseren Horizont.

Im Alter lässt vielleicht unsere Leistungsfähigkeit nach.

Wir bekommen eine Brille oder die „Dritten" – du siehst wir verändern uns ständig.

Wir bekommen es bloß nicht mit, weil wir immer denken – ja das ist halt so, und der Veränderung, wie vielen anderen Dingen in unserem Leben auch – nicht die verdiente Aufmerksamkeit schenken...

Guck dir einfach mal Bilder aus der Vergangenheit an – und du wirst verstehen, was ich meine...

„Auf alten Bildern, sieht man immer irgendwie jünger aus!"

Aber nicht nur wir verändern uns - auch unsere Mitmenschen, unsere Umwelt, unsere Lebensbedingungen, die Arbeitswelt, die Technik, das Klima und die Gesetze.

Diese Veränderungen passieren, ob es uns gefällt oder nicht. Um mit diesen Veränderungen Schritt zu halten, müssen wir lernen, wie wir damit umgehen können.

Einige dieser Veränderungen können wir voraussehen und uns darauf einstellen - uns „Schritt für Schritt" daran gewöhnen – wenn wir mit Aufmerksamkeit durch die Welt gehen.

Es gibt aber auch Veränderungen, die kommen unerwartet und überraschend – wir können uns nicht darauf vorbereiten oder uns darauf einstellen.

Ein plötzlicher Unfall oder eine Krankheit – das wird wahrscheinlich jeden Menschen aus der Bahn werfen.

Obwohl wir auch hier gelassener mit der Situation umgehen können, wenn wir die richtige Einstellung haben und uns nicht von unseren Gedanken und Gefühlen mitreißen lassen.

Ich möchte dir dazu gerne eine Geschichte aus meinem Leben erzählen…

Eine neue Aufgabe für mich

Ein Freund von mir bekam einen Schlaganfall, rechte Körperseite ging nicht mehr viel – für viele von uns wäre das die Hölle und wir würden uns sicherlich fragen, was soll das, wieso ich.
Wir wären am Boden zerstört und könnten keinen klaren Gedanken fassen!

Er aber sagte: „Mal sehen, was das nun wieder für eine Aufgabe für mich ist!"

Und wenn ich hier kurz abschweifen darf – er befindet sich langsam, sehr langsam auf dem Weg der Besserung. Und ich möchte hier ein paar Original Aussagen von ihm zitieren – damit du siehst, man kann aus allen Situationen lernen – wenn man die richtige Einstellung hat.

Du hast meine Größte Bewunderung dafür Wolfgang!

Ich habe ihm ins Krankenhaus einen kleinen Spruch zur Ermutigung geschickt:

„Das Universum schickt uns exakt zum richtigen Zeitpunkt genau das, wofür wir bereit sind und was für unser Wachstum wichtig ist."

Seine Antwort hat mich tief bewegt – und wie ich zugeben muss - auch beschämt.
Beschämt in dem Sinne, dass ich es wage, mich über Kleinigkeiten, wie einen schlechten Arbeitstag, einen ungerechten Chef, eine kleine Grippe, das schlechte Wetter oder über einen meiner geliebten Mitmenschen im Straßenverkehr aufzuregen – alles belangloser Kram gegenüber dieser Situation!

Hier nun seine Antwort:

„… der Spruch ist so klasse und so wahr…Herrlich…Danke mein Freund!…Ich mache jeden Tag Fortschritte…Sogar solche großen, wie ich selber nicht erwartet hätte…
Arm: Kann ich schon in viele Richtungen bewegen.
Hand: Sie ist schon so weit, dass ich sie hin und wieder öffnen und schließen kann.
Gehen: Am Geh Tisch ca. 200 m gegangen.
Ich kann mich, wenn auch mit viel Zeit, selber waschen und anziehen…
Sprechen: ich kann alles verständlich von mir geben…
Ist auch noch genug zu tun – aber alles in Allem eine tolle Erfahrung!"

Eine tolle Erfahrung!

Ich lese diese SMS immer und immer mal wieder, wenn ich mich ärgere oder über mein Leben jammere oder meine, ich hätte es mal wieder besonders schwer.
Wenn dieser Mensch in seiner Situation mit so viel Lebensmut und Lebensfreude weitermacht und eben nicht aufgibt – wie kann ich das dann?

Danke mein Lieber – du hast mir nochmal wieder ein Stückchen mehr die Augen geöffnet!

Namastè, mein Freund!

Wir können also selbst in schweren Krankheiten und Schicksalsschlägen noch Positives entdecken – wenn wir wissen wie und die Kraft der inneren Ruhe besitzen.
Und das Wissen, dass Alles für Etwas gut ist – auch wenn wir es im Moment vielleicht nicht verstehen!
Anstatt daran zu verzweifeln, können wir auch versuchen, dies als Chance zur Veränderung zu nehmen und daran zu wachsen.

Denn eines ist gewiss – wir können viele Dinge nicht verhindern oder beeinflussen.
Was wir aber beeinflussen können, ist wie wir diesen Dingen begegnen und was wir aus ihnen machen und lernen wollen.

„Ich verändere mich nicht, in dem ich versuche, etwas anderes zu sein, als ich bin – ich verändere mich, in dem ich anerkenne, was ich gerade bin!"

Anerkennen, wie und was man gerade ist – auch – und gerade - in schwierigen Situationen und Zeiten!

Denn eins habe ich in meinem bisherigen Leben lernen dürfen...

Das Leben geht weiter und keine Situation dauert für immer an!
Alles, auch ein noch so schlimmes Erlebnis, die schönsten Augenblicke, der langweiligste oder anstrengendste Arbeitstag, die stressigste Situation und die schwere Prüfung oder die Angst davor – alles geht vorbei...

Auch dies geht Vorbei

*Ein Häftling im Gefängnis war voller Angst und niedergeschlagen,
denn er hatte viele Jahre abzusitzen.*

*Die steinernen Wände saugten jegliche Wärme auf, die Eisengitter
höhnten dem Mitgefühl.*

*Der Klang aufeinanderprallenden Stahls ließ erahnen, hinter wie
vielen Toren die Hoffnung weggeschlossen wurde.*

*Am Kopfende seines Lagers entdeckte er folgende Worte in die Wand
geritzt:*

„Auch dies geht vorbei."

*Dieser Satz half ihm durch die schwere Zeit, so wie er wohl auch dem
Häftling vor ihm schon Mut gemacht hatte.*

Ganz egal wie schlimm es auch wurde, er dachte:

„Auch dies geht vorbei"

*Am Tag seiner Entlassung erkannte er die tiefe Wahrheit hinter diesen
Worten. Er hatte seine Strafe abgesessen.*

Die Zeit im Gefängnis war tatsächlich vorbei gegangen.

*Als er wieder ins normale Leben zurückkehrte, dachte er oft an diese
Botschaft. Und in schlechten Zeiten halfen ihm die Worte:*

„Auch dies geht vorbei."

*Wenn gute Zeiten anbrachen, genoss er sie, aber nie allzu sorglos,
denn er besann sich der Worte:*

„Auch dies geht vorbei."

Am Ende seines Lebens flüsterte er seinen Lieben zu:

„Auch dies geht vorbei."

Und er fand einen ruhigen Tod.

*Seine Worte waren ein letzter Liebesdienst an seine Familie und
Freunde.*

Sie hatten von ihm gelernt, auch die Trauer geht vorbei.

In meiner Zeit bei der Bundeswehr habe ich diesen Satz fast täglich zu hören oder zu spüren bekommen:

Nichts ist so beständig wie die Änderung!

Und das kannst du sicher aus eigener Erfahrung bestätigen!
Dieser Satz, und die von mir immer wieder erlebte Wahrheit dahinter, macht ganz deutlich: Veränderung passiert!

Wir können sie nicht verhindern oder Ihr aus dem Weg gehen.

Leben bedeutet Veränderung

Niemand - kein Mensch, kein Tier - nichts kann sich davor erfolgreich und dauerhaft „schützen" oder weglaufen.
Wir müssen also lernen, diesen Veränderungen, ob vorhersehbar oder nicht, so gut es geht zu begegnen.
Mit Gelassenheit, Flexibilität und Vertrauen, auch und gerade in uns selbst.
Denn nur so können wir Veränderungen als das wahrnehmen, was sie sind – eine Chance für Neues und vielleicht auch Besseres – und keine Last!
Wir können sie mit Dankbarkeit annehmen und stärker aus ihnen hervorgehen!

Das Potenzial zur Veränderung steckt in jedem von uns – in dem Einen mehr in dem Anderen weniger.

Viele Menschen nehmen Veränderungen ganz gelassen an, da sie eine natürliche Anpassungsfähigkeit besitzen. Andere müssen diese Fähigkeit erst wieder in sich entdecken und entwickeln.

Wer diese Fähigkeit erlangen will, muss bereit sein:
- sich selbst ständig weiter zu entwickeln und zu verändern
- mit Veränderung in der Umwelt umzugehen
- die Initiative selbst zu ergreifen und nicht darauf zu warten, dass einen andere Menschen oder widrige Umstände dazu zwingen.

Dies sind die so genannten Schlüsselqualifikationen oder Schlüsselkompetenzen, im Umgang mit Veränderungen.
Aber leider ...

Veränderungen können auch Angst machen

„Ein Grund dafür, dass sich Leute vor Veränderungen fürchten, ist, weil sie sich stets auf das konzentrieren, was sie verlieren könnten. Anstatt auf das, was sie dazugewinnen könnten."
Rick Godwin

Veränderungen machen deshalb vielen Menschen Angst, weil sie, was in ihrer Natur liegt, neue Dinge und Umstände in unser Leben bringen.
Wir verstehen ihren Sinn oft nicht.

„... und der Mensch wird immer fürchten, was er nicht versteht!" **Aus dem Film „Batman"**

Wir müssen erst noch lernen mit ihnen umzugehen.
Denn leider ist der Mensch Neuem gegenüber meistens nicht sehr aufgeschlossen. Wir fühlen uns im „Alten" wohl, weil wir wissen, wie wir damit umzugehen haben.

Neues wirkt auf uns immer bedrohlich (ein Relikt aus der Steinzeit), weil wir die Gefahren nicht einschätzen können, die uns eventuell begegnen.

Du kennst vielleicht das schöne Plattdeutsche Sprichwort (danke Oma):

"*Wat de Buur nich kennt, dat frett he nich!*" – "Was der Bauer nicht kennt, das "frisst" er nicht!"

Diese Angst vor etwas Neuem entsteht meistens dadurch, dass wir "warten" bis eine Situation so eskaliert, dass wir nur noch darauf *reagieren* können.

Würden wir aber die Vorzeichen richtig erkennen und richtig deuten – was allerdings nur funktioniert, wenn wir auch auf unsere Umgebung achten und die Vorzeichen erkennen (Achtsamkeit) – könnten wir *agieren* und die Situation bzw. die Veränderung aktiv selbst mitgestalten, oder ihr sogar zuvor kommen.

Und dadurch, dass wir selbst mitgestalten und somit auch in einem gewissen Maß wissen, wohin die Reise geht, verliert die Veränderung dann sehr oft ihren Schrecken und wird als das wahrgenommen, was sie ist – eine aktive Chance.

Eine Chance, mal wieder Bilanz zu ziehen, alte Angewohnheiten und Muster zu hinterfragen, neue Pläne zu schmieden, lang gehegte Träume wahr zu machen...

So ein Unglück ist schon etwas Großartiges

Thomas Edisons Labor brannte im Dezember 1914 buchstäblich bis auf die Grundmauern ab. Es entstand ein Schaden von über zwei Millionen Dollar, doch die Brandversicherung deckte nur einen Betrag von etwa 230.000 Dollar ab, da es sich um einen Betonbau gehandelt hatte, der als absolut brandsicher galt. Ein Großteil von

Edisons Lebenswerk ging in jener Nacht auf spektakuläre Weise in Flammen auf.

Als die Feuersbrunst am heftigsten tobte, suchte Edisons vierundzwanzigjähriger Sohn Charles zwischen Rauchschwaden und Trümmern verzweifelt nach seinem Vater. Schließlich fand er ihn. Er stand etwas abseits und betrachtete die Szene ganz gelassen und in aller Gemütsruhe, den roten Widerschein der Flammen im Gesicht, sein weißes Haar zerzaust vom Wind.

„Beim Gedanken an seine Situation krampfte sich mir das Herz zusammen", berichtete Charles rückblickend. „Er war siebenundsechzig – also nicht mehr ganz jung, und sein gesamtes Hab und Gut wurde von den Flammen geraubt. Als er mich sah, rief er: ,Charles, wo ist deine Mutter?' Ich wusste es nicht. ,Such sie', drängte er. ,Bring sie her. So etwas wird sie ihr Leben lang nicht noch einmal zu Gesicht bekommen."

Als seine Frau schließlich an seiner Seite erschien, nahm er Ihre Hand und sagte: "Schau dir das an. Welches Glück wir haben – all unsere Irrtümer und Fehler gehen in Flammen auf! Und wir sind in der Glücklichen Lage, noch einmal ganz von vorne beginnen zu können!" Drei Wochen nach dem Brand stellte Edison seinen ersten Phonographen vor.[49]

Wie schon Eingangs in diesem Buch angesprochen, müssen wir lernen unser Leben wieder aktiv selbst in die Hand zu nehmen – wir müssen wieder agieren lernen – anstatt nur zu reagieren.
Wir dürfen nicht warten, bis uns unsere Untätigkeit und andere Menschen dazu zwingen - zu reagieren!

Halte dir immer folgendes vor Augen und du wirst Veränderungen mit einer ganz anderen Einstellungen begegnen.

Tipps für deine Roadmap

- Wir verändern uns seit unserer Geburt – es ist ein Teil von uns!
- Jede Veränderung hat einen Sinn für mich. Auch wenn ich ihn nicht sofort erkenne!
- Nur wenn ich mich ständig verändere, lebe ich – denn Leben bedeutet Veränderung!
- Ich strebe Veränderung an, wo ich nur kann – denn sie bietet mir Chancen für Neues!
- Jede Veränderung führt mich weiter – denn sie lässt mich wachsen und macht mich stärker!
- Es ist immer der richtige Zeitpunkt für Veränderung!
- Eine Veränderung kann schmerzhaft sein – doch noch schmerzhafter ist es sein Leben lang zu bereuen, es nie versucht zu haben!
- Ich verändere die Welt, indem ich mich selbst verändere!

Um aber nun Veränderungen positiv entgegen blicken zu können, müssen wir offen sein – offen im Herzen und offen im Geist.
Offen für Neues… denn

„Veränderung ist keine Sache des Könnens, sondern des Wollens!"

Aber leider werden wir durch viele Dinge in unserem Leben davon abgehalten Veränderungen als positiv betrachten zu können – und zu wollen.
Gegen einige können wir vielleicht nichts unternehmen – aber was wir auf jeden Fall können, ist bei uns anzufangen, uns selbst zu verändern.

Denn oft sind es wir selbst, die uns daran hindern uns zu verändern, zu verbessern – wir und unsere Einstellung und Vorstellung vom Leben – unsere „Glaubenssätze".

Glaubenssätze vs. Wahrheit

Unsere Glaubenssätze, die „Wahrheiten" von denen wir überzeugt sind, prägen nicht nur unser Denken, Fühlen und Handeln, sondern auch uns selbst.
Sie bestimmen teilweise sogar, wie wir auf andere Menschen, und auf das was sie sagen und erzählen, reagieren.
Sie geben uns aber auch Bedeutung und Halt, ein Gefühl von Sicherheit und eine Richtung im Leben.
Sie sind Meinungen, „Vorurteile" und Überzeugungen, die wir entweder selbst aus eigenen Erfahrungen und Erlebnissen gemacht oder von anderen Menschen – Eltern, Freunden, Verwandte, Kollegen – übernommen haben.[27]

Typische Glaubenssätze können sein:
- Männer interessieren sich nur für Fußball und Motorräder
- Geld macht arrogant
- Die Jugend von heute taugt nichts mehr
- Alte Menschen sind immer grantig und missgelaunt
- Ich muss doch …
- Man darf nicht …
- Von nichts kommt nichts.
- Ich habe keine Zeit.
- Ich muss immer alles perfekt machen.
- Wenn es gut werden soll, dann mach es lieber selbst.
- Was Hänschen nicht lernt, lernt Hans nimmermehr.
- Ohne Fleiß keinen Preis.

- Ich sollte mich nicht so gehen lassen.
- Wenn du etwas haben willst im Leben, dann musst du es dir nehmen.

Du siehst es gibt etliche Glaubenssätze – manche sind noch nicht mal als solche zu erkennen!

Dies sind nur einige Beispiele – sicher kennst du auch noch einige aus deinem Umfeld.
Schreibe sie auf – wir brauchen sie noch für später...

Glaubenssätze – gut oder schlecht?

Jetzt wird dem aufmerksamen Leser aufgefallen sein, dass ich bereits im Kapitel Gelassenheit vor Glaubenssätzen gewarnt habe.
Du fragst dich vielleicht warum?
Ein Gefühl von Sicherheit, eine Richtung und Halt im Leben - das ist doch nicht schlecht...

Ist es auch nicht, aber das generelle Problem mit Glaubens-sätzen ist, das sie oft nicht der Wahrheit entsprechen.
Sie sind häufig nur Verallgemeinerungen, die uns sagen wie etwas zu sein hat, was wahr ist und was nicht wahr ist – das so aber gar nicht immer zutrifft bzw. zutreffen muss.
Dadurch wirken Glaubenssätze wie ein Filter, der für uns schon vorfiltert, was wir wahrnehmen und was nicht.
Wir sind dadurch nicht mehr offen für alles um uns herum, sondern konzentrieren uns hauptsächlich auf unsere – oft nicht richtigen – „Voreinstellungen".

Glaubenssätze wirken wie ein „Tunnelblick" der uns immer wieder nur auf genau diesen Satz fokussiert und uns nur Dinge erleben lässt, die diesen Glaubenssatz zu bestätigen scheinen.

So ist ein in Leben in Achtsamkeit natürlich nicht möglich – denn da wollen wir ja möglichst den Moment in seiner *ganzen* Vielfalt wahrnehmen – und nicht bereits vorgefiltert.

Glaubenssätze können also einengen.

Darum habe ich mir angewöhnt, meine Glaubenssätze von Zeit zu Zeit auf „Aktualität" zu prüfen...

- Sind meine Glaubenssätze für mich so heute noch gültig?
- Sind das überhaupt „meine" Glaubenssätze, Überzeugungen, Meinungen? Oder habe ich sie nur von anderen übernommen?
- Sind sie mir nützlich oder behindern sie mich nur im Fortkommen auf meinem neuen Weg?

Ich kann dir nur empfehlen, deine Glaubenssätze einmal ganz ehrlich zu prüfen und zu hinterfragen – „sind die wirklich auf meinem eigenen Miste gewachsen?"

Solltest du herausfinden, dass einige „deiner" Glaubenssätze nicht mehr in deine heutige Weltanschauung passen, dann habe ich eine tolle Neuigkeit für dich – du brauchst sie nicht länger mit dir rumschleppen!

Du kannst deine Glaubenssätze ablegen bzw. umprogrammieren, sodass aus „hinderlichen" Glaubenssätzen „förderliche" Glaubenssätze werden (wir werden noch auf förderliche Glaubenssätze zu sprechen kommen).

Doch zunächst wollen wir uns beschäftigen mit der

Programmierung oder Auflösung von Glaubenssätzen

Da wir durch die Erfahrungen und Ereignisse in unserem Leben oder eben auch durch „blinde Übernahme" aus unserem Bekannten- und Verwandtenkreis viele Glaubenssätze einfach übernommen oder uns angeeignet haben, die wir im Alltag gar nicht mehr bemerken, ist es erst einmal wichtig, uns bewusst zu werden, dass wir Glaubenssätze haben und nach ihnen leben und unsere Umwelt, unsere Mitmenschen nach ihnen beurteilen!

Unsere Wahrnehmung und unsere Realität zu einem Großteil von ihnen beeinflusst und bestimmt wird!

Der erste Schritt ist also, seine

Glaubenssätze zu erkennen

und sich ihrer bewusst zu werden.
Erst dann können wir sie nämlich umprogrammieren bzw. sie auflösen.
Und so findest du heraus, mit und nach welchen Glaubens-sätzen du lebst.

- Achte auf die Sätze, welche du im Brustton der Überzeugung sagst.
- Erkenne „Verallgemeinerungen" - Worte wie „IMMER", „JEDER", GRUNDSÄTZLICH", „NIE" oder „ALLE",
- Sätze wie „DAS IST NUN MAL SO", „MEIN VATER SAGTE IMMER", könnten versteckte Glaubenssätze sein.

- Prüfe ab sofort, wenn Jemand seine Meinung sagt, deine eigenen Gedanken dazu. Würdest du zustimmen oder geht dir etwas anderes durch den Kopf?

Schreibe alle Glaubenssätze, die du findest und erkennst, auf!
Nehme sie an und sei Dankbar dafür, etwas über dich gelernt zu haben!
Verurteile deine Glaubenssätze nicht - denn bis jetzt hatten sie einen Nutzen für dich, sonst hätten sie dich nicht schon so lange in deinem Leben begleitet!

Der 2. Schritt besteht nun darin, deine

Glaubenssätze zu überprüfen und zu hinterfragen

– aber bitte nicht gleich ablegen oder aufgeben!
Es ist nicht gut seine Glaubenssätze sofort abzulegen, denn manche erfüllen eine wichtige Funktion für uns – sonst hätten wir nicht so lange an ihnen festgehalten.

Nimm dir nun nach einander deine gefundenen Glaubens-sätze vor und stelle dir dabei folgende Fragen (Beispielaufzählung – du findest vielleicht noch selbst eigene Fragestellungen):
- Wie könnte die Sichtweise von Jemand anderem dazu aussehen?
- Gibt es dazu auch eine andere Meinung? (sprich auch ruhig mit deiner Familie oder mit Freunden oder Arbeitskollegen darüber)
- Würde ich das in fünf, zehn oder 20 Jahren auch noch so sehen?
- Hilft mir dieser Glaubenssatz im Leben oder gibt es vielleicht einen besseren? (Wenn ja schreibe ihn auf!)

- Macht der Satz für mich noch Sinn?

Vielleicht kennst du den Film „American History X" ?
Sinngemäß heißt es da:

*„Du mußt die richtigen Fragen stellen." - "Und die wären?" -
"Hat sich durch das was du tust dein Leben verbessert?"*

Diese Frage passt nicht nur hervorragend beim Überprüfen deiner
Glaubenssätze – wir sollten sie uns generell stellen, bevor wir
handeln.
Ist das, was wir gerade tun oder tun wollen (oder sagen oder
denken) dazu geeignet, unser Leben, oder das unseres Gegenübers,
zu verbessern?
Wenn nicht sollten wir uns fragen, ob es dann die Mühe überhaupt
wert ist... (ganz besonders, wenn wir uns über Dinge oder andere
Menschen ärgern...).

Mein Onkel pflegt immer zu sagen:

„...ist es unter 2,50 €? Wenn ja – reg dich nicht auf"

Wenn du nun für dich deine Glaubenssätze geprüft hast und
feststellst, dass sie immer noch für dich passen und dir im Leben
helfen – dann halte an ihnen fest...
Tun sie es nicht – lass uns zum nächsten Schritt kommen.

Loslassen und verändern

In diesem Schritt wollen wir uns nun von den Glaubenssätzen verabschieden, die wir als „nicht förderlich" eingestuft haben.
Dies funktioniert am besten, wenn wir für jede Überzeugung von der wir uns verabschieden wollen, eine neue, positive und förderliche Überzeugung finden.
So kannst du dich neu „Programmieren".

Aber bedenke: Genau wie bei der Meditation, und auch allen anderen Neuerungen im Leben, braucht es auch bei der „Neuprogrammierung" von Überzeugungen und Glaubenssätzen eine gewisse Zeit bis man sie verinnerlicht hat!
Schließlich haben deine alten Glaubenssätze dich ja auch schon einige Zeit, vielleicht sogar dein ganzes bisheriges Leben lang, begleitet und dir mehr oder weniger geholfen, dich in der Welt zurecht zu finden.

Sei also auch hier nicht so hart zu dir selbst und versuche nicht, alles auf einmal loszuwerden und neu und besser zu machen. Die Taktik der kleinen Schritte – eins nach dem Anderen, hat sich in meinen Augen hier sehr gut bewährt!

Erlaube dir also ruhig auch Fehler und den einen oder anderen „Rückschlag" – solange du immer wieder darauf aufmerksam wirst und zurückkehrst zu deinen neuen Überzeugungen ist alles okay!

Und wenn du jetzt sagst „Mir fallen aber gar keine neuen Glaubenssätze und Überzeugungen ein..."

Dann hab ich hier noch einen Tipp für dich:
Lerne die Überzeugungen und Glaubenssätze andere Menschen kennen!

Wie? – Ganz einfach!

Indem du anderen Menschen zuhörst oder sie beobachtest – in der Bahn, im Bus, im Restaurant, auf der Arbeit, oder wo auch immer – kannst du mit ein bisschen Übung viele neue Glaubenssätze kennenlernen.

Du musst dich von anderen Glaubenssätzen nicht gleich „überzeugen" lassen – vielleicht zeigen sie dir auch „nur", wie du nicht auf bestimmte Dinge reagieren möchtest.
Das ist oft noch besser, als selbst neue zu entdecken…

Höre aufmerksam zu, sammle Ansichten, Meinungen und Überzeugungen.
Lass dich inspirieren, überlege und prüfe, welche für dich passen könnten, und schreibe sie für dich auf.

Hier hab ich auch noch ein paar, hoffentlich „förderliche" Glaubenssätze, für dich (eventuell für deine Roadmap?):

Glaubenssätze für deine Roadmap

- Alles hat einen Sinn – auch wenn wir nicht sofort verstehen welchen!
- Ich verliere nie – entweder ich gewinne oder ich lerne!
- War der Tag nicht dein Freund – so war er dein Lehrer!
- Ich habe ein Recht darauf, glücklich zu sein!
- Ein leichtes Leben hat noch nie einen mächtigen Geist produziert!
- Oft bringen uns die schwierigsten Wege an die schönsten Orte!
- Laufen Dinge nicht so wie du denkst – denk anders!

Du siehst, es geht auch positiv…
Und auch hier kommt es ganz klar zum Vorschein – *du* entscheidest, wie *du* denkst, was *du* denken willst.
Du entscheidest, welche Glaubenssätze deinem Leben die Richtung geben und in deinem Leben wirken sollen.

Und auch nur *du* kannst dich entscheiden, BEWUSST entscheiden, was *du* in dein Leben ziehen möchtest – positives oder negatives.

Förderliche oder hinderliche Glaubenssätze.

Ich für meinen Teil habe mich BEWUSST entschieden, das Glück, die Liebe, die Freude und den Genuss in mein Leben zu ziehen.
Und zwar in dem ich jeden Tag versuche, meine neuen, positiven Überzeugungen und Glaubenssätze in meinen Alltag einzubinden.
Und ich merke und entdecke immer mehr, dass ich damit auf dem richtigen Weg bin.
Es geschehen mehr positive und erfreuliche Dinge im Leben, wenn du dich auch auf positives und erfreuliches konzentriert.
Du glaubst nicht, was sich alles in deinem Leben ändern wird. Du wirst ruhiger und gelassener, deine Gesundheit wird sich sogar verbessern, weil du viel entspannter werden wirst. Dadurch sind bei mir zum Beispiel meine Rückenschmerzen und meine Migräne Attacken zurückgegangen!

Ich habe in den letzten Monaten immer mehr tiefgründige Gespräche geführt, teilweise mit fremden Menschen, bekomme positives Feedback von Freunden, Kollegen – von meinem Chef…!
Und das bestätigt mir – ja ich verändere mich – und zwar zum positiven!
Und es fällt anderen Menschen auf!
Also – entscheide *du* dich, BEWUSST, für ein genussvolles, erfreuliches, positives, lebens- und liebenswertes Leben.

Du hast es in der Hand!

Dieses Sprichwort kennt wohl so ziemlich jeder (und vielleicht hast du es schon so oft gehört, dass du es nicht mehr hören kannst...):

„Gott gebe mir die Kraft, Dinge zu ändern, die ich ändern kann, gebe mir die Gelassenheit, Dinge hinzunehmen, die ich nicht ändern kann und gebe mir die Weisheit, das eine vom anderen zu unterscheiden!" Reinhold Niebuhr, amerikanischer Theologe, Philosoph und Politikwissenschaftler

Genau das wünsche ich dir:

Kraft und Gelassenheit – erwachsen aus innerer Ruhe.

Jetzt fragst du dich vielleicht „...wie soll ich innere Ruhe entwickeln – ich habe so ein hektisches Leben...!"

Da ist was dran – das Leben um uns herum und auch unser eigenes wird immer hektischer und überfordert viele Menschen zusehends.

Ständige Erreichbarkeit dank Smartphone, Tablet und Co. Führen zu stress und ständiger innerer Unruhe.
Das Leben wird immer schneller und schneller, da wir uns auch in unserer „freien Zeit", keine Pausen gönnen, sondern uns selber Stressen mit Terminen.

Fitness Studio, Tenniskurs, Yoga-Abend, Lauftreff, etc. –anstatt uns einfach mal in der Natur oder mit einem guten Buch, am besten vielleicht sogar mit beidem auf einmal, zu entspannen und unserem Leben ein wenig die Hektik zu nehmen.

Verstehe mich bitte nicht falsch – Sport und Yoga oder andere Freizeitaktivitäten sind gut und notwendig.

Aber auch hier muss die Balance stimmen! Leider übertreiben wir es oft mit der Häufigkeit und Intensität, so dass das, was uns eigentlich dabei helfen soll, gesund, entspannt und glücklich zu werden und zu bleiben, uns mittlerweile auch oft in Stress versetzt.

Wir definieren uns häufig über einen vollen Terminkalender, hetzen von einem Termin zum nächsten und fühlen uns hinterher kaputter als vorher – ausgelaugt und müde.

Denn leider bedeutet ein voller Terminkalender nicht auch zwangsläufig ein „erfülltes" Leben – gerade, wenn wir nur noch von einem Termin zum nächsten hetzen.
Das mag uns vielleicht das Gefühl von Wichtigkeit, und somit von geliebt, gebraucht, gemocht werden, geben – aber mal Hand aufs Herz – macht es dich wirklich glücklicher?
Oder denkst du dir auch manchmal: „Ach hätte ich doch bloß ein paar Termine weniger. Dann könnte ich mir mal wieder einen ruhigen Abend mit meinem Partner, meinem Freund oder auch mit mir alleine gönnen. Könnte entspannen und etwas „runterkommen".

Und das Tolle ist – du kannst es! Du hast es selbst in der Hand!
Du entscheidest, wie viel Termine du dir in deiner Freizeit antun möchtest und wie viel Zeit du dir für die wirklich wichtigen Dinge im Leben nehmen möchtest.

Dinge wie, Zeit für deine Familie, für gemeinsame Unternehmungen, für gute Gespräche, einem leckeren Essen, einem tollen Abend mit Freunden, einem entspannten Bad – vielleicht bei Kerzenschein und Wein, einem „Gammeltag" auf der Couch – einfach Zeit, um das Leben zu genießen.

Ich bin nicht nur der festen Überzeugung, dass wir unserem Leben ein wenig die Geschwindigkeit nehmen sollten. Ich finde es ist geradezu unerlässlich für unsere Gesundheit und unser Wohlbefinden, dass wir wieder lernen, öfter mal einen Gang zurück zu schalten uns „entschleunigen" und uns wieder bewusst werden:

„Es gibt wichtigeres im Leben, als beständig dessen Geschwindigkeit zu erhöhen." Mahatma Ghandi

Nicht selten führt uns nämlich ein volles, aber „unerfülltes" Leben dazu, dass wir immer unzufriedener und unerfüllter – innerlich leer - werden. Und dann meinen wir mit noch mehr Aktivitäten könnten wir etwas daran ändern – und geraten somit in eine Spirale, einen Teufelskreis aus dem nur schwer wieder auszusteigen ist.
Nicht selten endet es sogar in Krankheit – und das „nur", weil wir anscheinend verlernt haben, das Leben zu genießen.

Wie hat Ferris Bewler („Ferris macht blau") so schön gesagt:

„... das Leben geht viel zu schnell vorbei. Wenn ihr nicht ab und zu stehen bleibt und euch umseht, könnt ihr es verpassen."

Also bleib ab und zu mal stehen und sieh dich um! Horch in dich hinein – macht mich mein Leben wirklich zufrieden und glücklich – so wie es jetzt ist?
Oder ist es Zeit, mal „Inventur" zu machen, zu prüfen, ob nicht eventuell noch mehr aus unser Leben zu machen ist...?

Ob wir glücklich sind oder nicht, machen wir häufig an äußeren Faktoren fest.

Einen interessanten Job, einen tollen Partner, viele Freunde, Urlaub machen können etc.

Aber wahres Glück können wir nicht an äußeren Gegebenheiten fest machen – wir müssen es in unserem Innern suchen.

Wir müssen uns ab und zu Zeit für uns alleine nehmen, Zeit in uns hineinzuhorchen und vielleicht auch mal „in uns zurückziehen" und gucken, wie es da so ausschaut - denn so wie auch das „Glück"- kommen auch viele Zweifel in uns und in unserer heutigen Gesellschaft von Innen.

Ängste, Selbstzweifel und Stress sind nur einige Gefahren, die tief in unserem Innern lauern. Das ist nicht so schlimm, wie es sich vielleicht anhört, denn diese Ängste, Sorgen, Zweifel etc. sind genauso ein Teil von

wie Mut, Freude, Selbstbewusstsein usw. – das eine kann ohne das andere nicht sein!

Die Natur versucht immer die Dinge im Gleichgewicht zu halten! Und je mehr wir im Innern in Balance, je ausgeglichener wir sind, desto besser können wir auf widrige Umstände im Äußeren reagieren!

Das ist das Prinzip von Yin und Yang!

Statt also zu versuchen die äußeren Umstände zu beeinflussen (ich sage bewusst nicht kontrollieren – denn für mich ist Kontrolle nur eine Illusion), sollten wir es wie die Schildkröte machen und versuchen, wieder einen besseren Zugang zu unserem Inneren zu bekommen.

Von der Schildkröte können wir lernen, auch im alltäglichen Chaos und der Hektik Ruhe zu bewahren.

Lass uns einmal einen Blick werfen, auf die …

Sieben Geheimnisse der Schildkröte [28]

Die Schildkröte gilt als extrem widerstandsfähig und robust, gut gewappnet gegen alle möglichen Gefahren.
Sie kann tausende Kilometer schwimmen und kann bis zu 250 Jahre alt werden – Evolutionstechnisch muss sie also etwas richtig gemacht haben, da Ihre Vorfahren bereits vor den Dinosauriern auf unserer Erde lebten.
Es gibt also sicher einiges, was wir von diesem Überlebens-künstler lernen können.
Schauen wir uns ihre Geheimnisse doch etwas genauer an.

Das erste Geheimnis der Schildkröte...

... ist Gelassenheit.

Jeder von uns kennt das, wir sind morgens spät dran und das Auto springt nicht an oder der Bus kommt nicht. Und das ausgerechnet an dem Tag, wo wir eine wichtige Präsentation in der Firma haben – die natürlich, wie kann es an diesem Tag anders sein – nicht so verläuft wie sie sollte....und der Kaffee, der uns wieder etwas runterholen sollte – nicht da, weil die Kaffeemaschine kaputt ist!
So oder so ähnlich hast du es bestimmt auch schon mal erlebt – man könnte aus der Haut fahren und fragt sich ernsthaft, liegt das jetzt an mir oder habt ich heute einfach nur Pech?
Im Grunde ist es auch egal, ob die Technik oder wir „schuld" an diesem Tag sind (...oder ist heute Freitag der 13.?) – Hindernisse begegnen uns immer wieder mal im Leben – egal wie sie sich präsentieren. Meistens können wir nichts daran ändern.
Was wir aber ändern können ist die Einstellung dazu – wie reagieren wir auf solche „Hindernisse"?

Wir können akzeptieren, dass der Bus Verspätung hat oder das Auto nicht anspringt – wir müssen aber nicht an den Ärger, der in uns hochsteigt, festhalten und uns damit selbst den Rest des Tages versauen - darunter leidet nicht nur die Arbeit (Präsentation die nicht gut verläuft), sondern – und das ist noch viel wichtiger – unsere Gesundheit. Im schlimmsten Fall sogar unsere Beziehung, wenn wir den Ärger nach der Arbeit wieder mit nach Hause nehmen.

Glaub mir – ich weiß, wovon ich da rede...
Und vielleicht hast du dich auch bereits wieder erkannt? Dann wird es definitiv Zeit, dass du etwas änderst.

Wir müssen lernen loszulassen – geistig wie auch körperlich, denn meistens erkennen und bemerken wir die Anspannungen, die durch Alltagsstress entstehen, gar nicht wirklich.
Aber gerade diese Anspannungen sind es, die gefährlich sind.
Denn diese Anspannungen sorgen für Verspannungen – und somit zu Rückenschmerzen, Migräne, Herz-Kreislauf-Erkrankungen.
Sie alle können entstehen, wenn wir es nicht schaffen diese Anspannungen auf ein gesundes Maß zu reduzieren oder am besten ganz ohne Anspannung durchs Leben kommen.

Versuche also durch entsprechende Übungen, wie Progressive Muskelentspannung, Meditation, Yoga, Tai Chi oder Atemübungen (um nur einige zu nennen) dich zu entspannen und gelassener zu werden.
Ohne ein geeignetes Programm, was dir hilft dich zu entspannen, kann es schwierig werden – ich bin sogar der Überzeugung, dass es ohne eine entsprechende, persönliche Entspannungsroutine heutzutage gar nicht mehr geht.

Wir haben darüber und über das Loslassen bereits im Kapitel „Stress ade!" gesprochen.

Weshalb ich hier jetzt nicht noch einmal näher darauf eingehen möchte.

Betrachten wir uns stattdessen

Das zweite Geheimnis der Schildkröte

...ist die Langsamkeit.

Stundenlang in einem Café sitzen oder schnell einen „Coffee to go" auf die Hand?
Das Zweite klingt für die meisten von uns sicher realistischer.
Aber hilft uns die Hektik wirklich, besser zu arbeiten?
Nein – ganz im Gegenteil – in vielen Situationen kann Langsamkeit von Vorteil sein.
Langsamkeit klingt vielleicht zunächst wenig hilfreich – in unserer immer schneller werdenden Zeit.
Ständig sind wir erreichbar und in Bewegung – wirklich mal „Nichts-tun" – dafür haben wir doch gar keine Zeit...
Mittlerweile sind wir so gut konditioniert von einer hektischen Gesellschaft, das wir ständig das Bedürfnis haben „produktiv" zu sein – das „Nichts-tun" haben wir beinahe schon verlernt.
Aber genau dieses „Produktiv – Bedürfnis" ist das, was zu Stress und Hektik führt – und uns schlussendlich krank macht.

Wie wir weiter oben bereits festgestellt haben definieren wir uns durch möglichst viele Aktivitäten – unser Selbstwertgefühl hängt davon ab, wie viel Termine wir in unserem Kalender haben – weil uns das ein gewisses Gefühl von „Wichtigkeit" gibt.
Ich kenne einige Menschen, die sogar ihre Zeit mit der Familie fest einplanen und andere gehen sogar soweit, dass jedes Mitglied der Familie einen eigenen Kalender führt – die kann man dann ja so

schön mit einander abgleichen. Das Wort „Familybusiness" bekommt hier eine völlig neue Bedeutung…
Die nächste gestresste Generation mit Burn-Out-Garantie ist also gesichert…

Was leider viele Menschen, früher mich eingeschlossen, nicht mehr wissen und erkennen – dass es viel wichtiger ist, unserem Körper und unserem Geist einfach mal Ruhe zu gönnen.
Abschalten - Seele und Geist baumeln lassen.

„Den lieben Gott einen guten Mann sein lassen!"

Im Kapitel „Abschalten kann man lernen" werden wir Frau Dr. Anne Katrin Matyssek, die Expertin für mehr Wohlbefinden im Job, zum Thema Abschalten zu Wort kommen lassen.

Um unser Leben zu entschleunigen („Slow-Life") müssen wir uns wieder Zeit für uns nehmen – uns Pausen gönnen.
Lass dir bei der Hausarbeit, wie Wäsche aufhängen, staub wischen oder saugen einfach ein paar Minuten mehr Zeit und gönn dir danach einen Kaffee oder eine gemütliche Tasse Tee– in aller Ruhe – *du* hast es dir verdient!
Oder noch besser – lass auch einfach mal die Hausarbeit Hausarbeit sein – ohne schlechtes Gewissen!
Lass einfach mal das Radio und den Fernseher aus und gönn dir ein wenig Stille – tanke mal wieder auf.
Und dann wieder ran! – denn nach einer Pause können wir meistens sogar mit viel mehr Elan an die Sache rangehen und schaffen so im Endeffekt mehr, als wenn wir „mit letzter Kraft" oder unmotiviert versuchen, möglichst Alles sofort zu erledigen!
Wir müssen einfach unseren eigenen Rhythmus wiederfinden.

Und im Gegensatz zur landläufigen Meinung ist Langsamkeit nicht schädlich und unproduktiv – im Gegenteil!
Langsamkeit führt oft zu besseren Leistungen und Resultaten. Denn die Qualität unserer Arbeit steigt, wenn diese in Ruhe und mit Bedacht ausgeführt wird.
Kreativität braucht eben Zeit – sie kommt nicht auf Knopfdruck.
Oberflächliches Multitasking dagegen führt nicht nur zu Stress und damit zu Unzufriedenheit, sondern erhöht auch die Rate der Flüchtigkeitsfehler!
Wir werden uns im Kapitel „Multitasking – Mythos und Wirklichkeit" noch etwas näher damit beschäftigen.

An dieser Stelle wollen wir uns aber erstmal …

Das dritte Geheimnis der Schildkröte

ansehen…

Das dritte Geheimnis der Schildkröte ist Beständigkeit…

Bis es den weiten Weg durch das Wohnzimmer auf eigenen Beinen zurücklegen kann, scheitert ein Baby unzählige Male.
Doch trotz vieler Stürze lässt es sich nicht aufhalten – bis es schließlich den Weg alleine geschafft hat – wie ich finde ein sehr schönes Beispiel für Beständigkeit!

Rocky Balboa hat das Überwinden von Rückschlägen etwas „genauer" auf den Punkt gebracht:
„Es kommt nicht darauf an, wie hart jemand zuschlagen kann. Es kommt nur darauf an, wie viel Schläge er einstecken kann!

Wie viel Schläge man einsteckt und trotzdem weitermacht – nur so gewinnt man!"

Leider kommen mit dem Erwachsenwerden auch immer mehr Verantwortung und Prioritäten auf uns zu, so dass wir den Fokus nicht mehr nur auf eine Aufgabe (den Weg auf eigenen Beinen durch das Wohnzimmer) legen können. Wir haben oft mehrere Aufgaben zu erledigen – und versuchen diese auch möglichst schnell oder vielleicht sogar noch diese möglichst gleichzeitig abzuarbeiten. Dadurch mangelt es uns, bei vielen Dingen die wir tun, an Beständigkeit.
Beständigkeit bedeutet, dass wir unsere Ziele und Aufgaben bis zum Ende verfolgen.
Natürlich sollten wir uns nicht an Aufgaben aufreiben, die sich als nicht durchführbar herausstellen.
Unsere Ziele müssen realistisch sein – und realistische Ziele sollten wir auch nicht frühzeitig aufgeben! Aber bitte eins nach dem Anderen!

Wie heißt es so schön im Kampfsport –

„... ein wahrer Krieger gibt niemals auf!" (Kung-Fu Panda)

Und genauso wie im Kampfsport – erfordert auch die Beständigkeit viel Fleiß und vor allem Disziplin!

Um den inneren Schweinehund zu besiegen, muss der Weg selbst zum Ziel werden!

Und diese Buddhistische Weisheit trifft es wirklich auf dem Punkt. Oder anders ausgedrückt. Wir dürfen uns nicht nur auf unser großes Ziel festlegen, welches vielleicht noch in weiter ferner liegt und sich eventuell zu „komplex" und „zu groß" für uns anfühlt.

Stattdessen hilft es, sich kleine Teilziele zu setzen.
Sie sind relativ leicht erreichbar – und erhalten uns unsere
Motivation, einfach dadurch, dass man Fortschritte macht und
erkennt und somit seine Erfolge feiern kann.
Motivation ist beim Erreichen von Zielen ein ganz großer und
wichtiger Faktor.
Und am besten ist die Art von Motivation, welche aus positiven
Erlebnissen und Erfolgen erwächst und nicht aus Angst vor negativen
Folgen bei nicht Erreichung!

Lass mich dir dazu eine kleine Geschichte erzählen:

Da mein Onkel schon über 40 Jahre in der Hunde Ausbildung tätig ist
und er mich oft mit zum Hundeplatz genommen hat und ich
zugucken durfte, konnte ich einiges in Punkto Motivation lernen.
Vor, ich glaube es müsste jetzt schon Jahrzehnte her sein – Herrgott
wie die Zeit vergeht – wurde in der Hundeausbildung viel mit
Stachelhalsband oder auch Elektroschock (seltener) gearbeitet, um
dem Hund etwas beizubringen.
Seit vielen Jahren trainiert man allerdings mit anderen Methoden,
zumindest „bei uns" auf dem Hundeplatz. Und zwar mit Belohnung –
das kann ein Leckerli sein, oder der Hund darf am Ende der Übung
mit dem „Bringholz" davon rennen.
Eine gute Übung, also das gelernte, wird belohnt, indem man den
natürlichen Futter- und Beutetrieb des Hundes bedient.
Nicht nur, dass der Hund sich schon auf das nächste Mal Freud, weil
er weiß, er bekommt etwas dafür – ihm macht es sogar Spaß!
Und so haben beide etwas davon – der Hund und der Hundehalter /
Hundeausbilder.
Erfolge für den Ausbilder / Hundehalter – Freude und Bedienung des
Spieltriebes für den Hund!

Versuche also immer, Spaß an einer neuen Aufgabe zu haben. Lerne, die positive Seite einer Sache oder Situation zu erkennen.
So wird es dir nicht nur leichter fallen, etwas Neues zu lernen – sondern du wirst dich vielleicht sogar über die nächste Herausforderung, die nächste Aufgabe freuen. Denn du weißt ja jetzt – neue Dinge können auch Spaß machen!

Wenn du zum Beispiel aufhören willst zu rauchen – verbinde es mit dem positiven Ziel, von dem gesparten Geld eine langersehnte Reise zu machen, ein neues Auto zu kaufen einen neuen Fernseher oder sonst etwas!
Wenn du das Positive für dich erkannt hast, wirst du beständiger bei deinen Zielen am Ball bleiben – auch wenn es mal schwierig wird.
Aber nicht nur beim Erreichen von Zielen ist Beständigkeit wichtig, du solltest auch in Bezug auf deine Person Beständig sein.
Versuch nicht, dich ständig dem Rest der Gesellschaft anzupassen und deine Vorlieben und Meinungen zu verbergen oder zu ändern, sondern akzeptiere dich, so wie du bist und ruhe in dir selbst.
Sei dir sicher wer du bist – sei authentisch!
Du wirst dank deiner Authentizität nicht nur mehr akzeptiert werden – sondern es wird dir auch leichter fallen, anderen Menschen ihre Eigenarten zu lassen.
Und wenn du immer authentisch, also ehrlich und „echt" in deinem Auftreten und deiner Art bist, wird es dir auch leichter fallen innere Ruhe zu finden.
Aus dem ganz einfachem Grund, weil du dir dann keine Gedanken mehr darüber zu machen brauchst, ob die Menschen dich mögen – oder ob Sie das mögen, was du gerade zu sein versuchst, um anderen zu gefallen!

„Wer in sich ruht, braucht niemandem etwas zu beweisen.
Wer um seinen Wert weiß, braucht keine Bestätigung.
Wer seine Größe kennt, der lässt anderen die Ihre."

Das vierte Geheimnis der Schildkröte

Ist die Wandlungsfähigkeit.

Schildkröten können sich an das Leben im Meer, in der Wüste und auch in der Kälte gewöhnen – sie sind wandlungsfähig gegenüber Lebensraumveränderungen.
Und diese Fähigkeit ist auch für den Menschen überlebens-wichtig. Denn auch wenn wir innerer Ruhe besitzen – das Leben um uns herum ändert sich ständig.

Wandlungsfähigkeit und Beständigkeit – jetzt wirst du dich vielleicht fragen – schließen sich diese beiden Eigenschaften nicht gegenseitig aus?
Auf den ersten Blick mag das vielleicht so erscheinen – aber bei genauerem Hinsehen passen sie so gut zusammen und ergänzen sich so gut wie Yin und Yang. Sie sind quasi wie die zwei Seiten einer Waage – sie balancieren sich gegenseitig aus.
Denn Beständigkeit heißt nicht, die Augen vor der sich verändernden Umwelt zu verschließen und genauso wenig sollte Wandlungsfähigkeit mit Anpassungsfähigkeit verwechselt werden.
Du musst dich nicht zwangsläufig einer Veränderung unterwerfen, wenn sie nicht deiner Vorstellung entspricht.
Es geht nicht darum, sich den Umständen zu unterwerfen, sondern vielmehr darum dein eigenes, inneres ICH trotz kleiner Veränderungen zu bewahren.

Wie hat ein Kollege, in einem sehr intensiven Gespräch, zu mir gesagt: *„Ich will mich nicht verändern – ich will mich verbessern!"*

Und genau das ist auch mein Motto – ich möchte besser sein, als der Mensch, der ich noch vor einem Jahr war.

Oder vor einem Monat, einer Woche, einem Tag, einer Stunde!
Ich will die beste Version von mir sein, die es gibt – aber nicht für
Andere – sondern für mich!

Besser heißt in diesem Falle für mich – noch mehr in mir ruhen, noch
ausgeglichener, noch friedvoller, liebevoller, freundlicher,
lebensfroher zu sein als vorher. Mein Leben noch mehr genießen!
Ich möchte jeden Tag wachsen – mental, geistig.
Möchte mir selbst und anderen ein Vorbild sein – und wenn möglich
anderen Menschen das geben, was ich gefunden habe – meinen
eigenen Weg zu einem erfüllterem, freudigeren, sinnvollerem Leben.
Und dafür übe ich jeden Tag aufs Neue!

Aber ich schweife schon wieder ab.... Ist aber auch so ein gutes
Gefühl....

Hinter dem scheinbaren Gegensatz von Beständigkeit und
Wandlungsfähigkeit verbirgt sich die Weisheit, das sowohl Tun als
auch Nichtstun die Welt beeinflusst.
Wenn du daran denkst, dass selbst Atome sich wandeln – dann
erkennst du Stillstand, als das was es ist – eine Täuschung, eine
Illusion.

Wir haben das bereits im Kapitel über Veränderung angesprochen.

Wandlungsfähigkeit wird erst durch Bewegung und Beweglichkeit –
auch im geistigen Sinne – ermöglicht.
Wir müssen uns immer wieder auf das Neue einlassen und unsere
Flexibilität beibehalten – denn nur dadurch ist Innovation oder
Kreativität oder Kunst überhaupt erst möglich.
Durch Flexibilität und immer wieder Einbindung von neuem.

Im Kampfsport ist das häufig zu beobachten – indem man sich immer wieder auf die Veränderungen des Gegners einlässt – kann man diese zu seinem Vorteil nutzen.

Wenn er nicht nur stur an alten Traditionen und Mustern festhält – kann selbst der vermeintlich schwächere Gegner siegen.

„Sie haben mir doch gesagt, ich solle jede Technik anwenden, die funktioniert. Mich niemals auf einen einzigen Stil festlegen. Meinen Geist offenhalten…"
„Und wozu?" „Um Sie zu ehren – Shodushi!"
(aus dem Film Bloodsport)

Dir als aufmerksamen Leser wird nicht entgangen sein, dass ich hier von Wandlungsfähigkeit, Flexibilität und Geist offen halte spreche – und du fragst dich jetzt vielleicht – wenn wir hier Wandlungsfähig bleiben sollen – wieso höre ich hier immer nur das Wort Achtsamkeit, Achtsamkeit, Achtsamkeit – und nichts anderes?

Ganz einfach:

Achtsamkeit ist keine Technik, sowie Autogenes Training, Yoga oder Meditation – Achtsamkeit ist vielmehr eine Lebenseinstellung.

Und Achtsamkeit bedeutet unter anderem, mit wachen Geist und offenen Augen und Ohren durch die Welt zu gehen, seine Umgebung wahrzunehmen, wie sie ist. Und dann wirst du feststellen, dass sich auch die Natur ständig im Wandel befindet – die vier Jahreszeiten sind da nur ein Beispiel. Sie ist flexibel und kann sich auf vielen Veränderungen anpassen (Evolutionstheorie von Charles Darwin).

Aber keine Angst, wir werden auch noch über andere „Techniken" sprechen – um unseren Geist für Alles offen zu halten…

Achtsamkeit ist, dadurch das sie in allen Bereichen des Lebens angewendet werden kann und auch angewendet werden sollte, doch wirklich sehr Wandlungsfähig – oder meinst du nicht?

Wandlungsfähigkeit kann in vielen Situationen hilfreich sein.
Auch unsere Meinungen und Argumente sollten wandlungsfähig
bleiben. Hier herrscht das gleiche Prinzip, wie bei den
Glaubenssätzen, die wir weiter vorne im Buch bereits besprochen
haben. Wenn wir an vorgefertigten Meinungen und Argumenten
festhalten – engen wir uns nicht nur selbst ein, sondern wir verlieren
im schlimmsten Fall unsere Objektivität.

Wie sagt mein Vater immer so schön:

„Nur ein Idiot ändert seine Meinung nicht!"

Ganz genau – danke Vaddern!
Besser und deutlicher hätte ich es auch nicht ausdrücken können!

Also bleibe offen für Veränderungen, für andere Menschen, andere
Meinungen und Argumente – und du wirst dich wundern, was es
alles zu entdecken und zu lernen gibt in der Welt!

Probier' es aus – und pass auf, wie es dich verändern wird.

Zum Positiven!

Mehr neue An- und Einsichten, neue Erkenntnisse – über dich und
die Welt, deine Umwelt und deine Mitmenschen, ja vielleicht sogar
neue Freunde und eine intensivere Beziehung mit deinem Leben
werden deine Belohnung sein.

Lass uns noch einen Blick auf die anderen Geheimnisse der
Schildkröte werfen...

Das fünfte Geheimnis der Schildkröte

… ist Genügsamkeit.

Alles in allem sind die meisten von uns mit ihrem Leben zufrieden – mehr oder weniger. Aber als wunschlos Glücklich würden sich wohl die wenigsten bezeichnen.
Das ist auch nicht schlimm – Wünsche und Träume sind motivierend und lassen uns auch manchmal den Stress des Alltags vergessen. Träume zu haben ist essentiell wichtig für ein ausgeglichenes Leben – weil sie zu deiner inneren Balance beitragen.

Schlimm wird es erst, wenn wir nicht mehr gewahr sind, was wir bereits haben und immer nur daran und dafür arbeiten noch mehr zu bekommen.
Wenn wir den Wunsch nach mehr nicht mehr abschalten können werden wir frustriert – und dadurch entstehen oft Probleme.
Denn dadurch geraten wir in einen Teufelskreis von immer mehr wollen…

„Wer nicht mit dem zufrieden ist, was er hat. Wäre auch nicht zufrieden mit dem was er bekommt."

Deshalb mach es wie die Schildkröte, die auch oft in trostlosen Gebieten wie Sümpfen und Wüsten lebt und mit dem Vorlieb nehmen muss was sie hat – sei Genügsam!

Denn mal ganz ehrlich, nicht alles was wir meinen haben zu müssen, was unser angeblich größter Wunsch ist – ganz oft brauchen wir es gar nicht.
Deswegen sollten wir uns immer Fragen – ist das wirklich nötig? Brauche ich das wirklich?
Verbessert sich dadurch unsere Situation, unser Leben?

Ich habe es selbst schon oft erlebt.
Ich hatte von einem Autor zwei – wie ich fand - fantastische Bücher gelesen.
Sie waren schon einige Jahre auf dem Markt, ich hatte sie aber erst jetzt entdeckt. Umso erfreuter war ich, als ich las, dass sein neues Buch in zwei, drei Monaten erscheinen sollte.
Ich war regelrecht aufgeregt vor Freude – weil ich nicht erwarten konnte noch mehr von ihm zu lesen.

Der Erscheinungstermin hat sich dann aber doch tatsächlich auch nochmal um zwei Monate nach hinten verschoben!
Naja – als ich das Buch dann endlich in den Händen hielt und anfing zu lesen – wurde ich ziemlich enttäuscht…

Ich las und las – das Gefühl allerdings, welches ich beim Lesen der ersten beiden Bücher hatte (die habe ich jeweils in nicht mal drei Wochen gelesen – immerhin um die Tausend Seiten pro Buch) wollte sich nicht einstellen. Die Spannung fehlte mir und das Buch zog sich – nach meinem Empfinden - endlos hin…

Ich bin dann auch nur bis Seite 80 gekommen und seitdem steht es ungelesen in meinem Regal (bestimmt schon vier Jahre).

Vielleicht hatte sich meine Erwartung in der ganzen Zeit so gesteigert, dass sie gar nicht mehr zu erfüllen war… und es war gar nicht das Buch „schuld", sondern meine hohen Erwartungen.

Aber ich habe mir schon vorgenommen – in der nächsten Zeit dem Buch nochmal eine zweite Chance zu geben…

Wir malen uns in unserer Fantasie die Dinge oft übertrieben schön aus, so dass wir dann im nach hinein von der Realität enttäuscht sind.

Klammere dich also nicht an Wünsche oder Erwartungen, die nicht realisierbar sind – sondern erfreue dich auch an den Dingen die du schon hast!

Denn viele von „vermeintlich unseren" Wünschen, sind oft nur der Druck der Gesellschaft, dass wir etwas erreichen, etwas darstellen müssen – das Anschaffen von Statussymbolen!

Unter dem Motto – das kaufe ich jetzt, dann wird, mein Nachbar, Freund oder Arbeitskollege aber gucken!

Aber nicht nur setzen wir uns damit unter Druck und machen uns damit Stress, sondern wir geben unser sauer verdientes Geld vielleicht für etwas aus, dass wir vielleicht in Wirklichkeit gar nicht haben wollen.

„Wir kaufen Dinge, die wir nicht brauchen. Um Leute zu beeindrucken, die wir nicht mögen. Mit dem Geld, was wir nicht haben!" Aus dem Film „Fight Club"

Genügsamkeit kann uns helfen, unsere wirklichen Wünsche und Bedürfnisse zu erkennen und uns somit vom unwichtigen Ballast – der Gesellschaft etwas beweisen zu müssen – befreien.

Den Gipfel der Genügsamkeit erreichen wir, wenn wir die Angst vor dem Tod überwinden.

Indem wir die Gier nach Leben loslassen und die Lust am Leben in den Mittelpunkt stellen.

Also lerne mit Genügsamkeit zu erkennen, was dir wirklich wichtig ist. Was du wirklich brauchst oder willst - und dich davon zu befreien deinem Nachbarn, Chef, Arbeitskollegen – oder vielleicht sogar deinem Partner etwas beweisen zu wollen / müssen.

Das sechste Geheimnis der Schildkröte

... ist die Friedfertigkeit.

Ob vom Chef unfair behandelt, vom Partner betrogen oder von der eigenen Leistung enttäuscht – oft reagieren wir auf solche Ereignisse mit Wut.
Wut entsteht meistens aus Verletzung oder Hilflosigkeit. Und es fällt oft nicht leicht, damit umzugehen.
Wut ist eine Emotion, der wir im Leben nur schwer entkommen können – und doch ist es so wichtig ihr zu entkommen!
Denn Wut ist meistens destruktiv und schädlich – nicht umsonst gibt es so viele Sprichwörter und Redewendungen über die Wut.

„Er war Blind vor Wut!"

„In der Wut verliert der Mensch seine Intelligenz"

„Bist du wütend zähl bis vier. Hilft das nicht, dann explodier!"

„Das schnellste Pferd kann ein in Zorn und Wut gesprochenes Wort nicht einholen" Chinesisches Sprichwort

„Vergiss nie, was ein Mensch zu dir sagt, wenn er wütend ist." Henry Ward Beecher

„Hütet euch vor der Wut eines Geduldigen!" John Dryden

Um nur einige zu nennen.
Und wie bei den meisten Sprichwörtern ist auch hier wieder ein Fünkchen Wahrheit enthalten.

Du hast es bestimmt auch schon mal erlebt – wenn du wütend bist, bist du nicht Herr deiner Sinne.
Man sagt Dinge, die man nicht so meint und macht dadurch viele Situationen nur noch schlimmer.

Ich kenne das aus eigener Erfahrung – und diejenigen, die mich kennen, können ebenfalls ein Lied davon singen!

Ich habe schon einiges verbockt – und nicht nur im Berufsleben – weil ich mich nicht im Zaum halten konnte.
Und ich bin wirklich, wirklich froh, dass das nun schon seit einiger Zeit vorbei ist – und wenn ich heute nochmal in eine „wutfördernde" Situation komme – weiß ich, wie ich reagieren muss.
Ganz selten kommt es nochmal in mir Hoch – aber wenn du gelernt hast, besser auf deine Gefühle und auf die „Vorläufer" deiner Wut zu achten – kannst du ihr wirklich Einhalt gebieten.

Und hier kann uns Friedfertigkeit gewaltig helfen, denn durch sie können wir lernen Wut gar nicht erst aufkommen zu lassen. Und wenn keine Wut aufkommt – brauchen wir sie auch nicht zu „kontrollieren" (der aufmerksame Leser weiß, wie ich über „Kontrolle" denke – deshalb hier wieder die Anführungszeichen).
Friedfertigkeit lehrt uns zum Beispiel einen verbalen Angriff nicht noch weiter ausarten zu lassen, indem wir zurück feuern.
Denn Friedfertigkeit führt zu einem „Miteinander" anstatt zu einem „Gegeneinander".
Aber in angespannten und stressigen oder hitzigen Situationen immer ruhig und gelassen zu bleiben und sogar noch dem angreifenden Gegenüber hilfreich entgegen zu kommen – das erfordert nicht nur eine große Portion Disziplin und Selbstbeherrschung sondern vor allem Übung, Übung, Übung und nochmal Übung!

Mittlerweile macht es mir aber sogar richtig Spaß – die Vorläufer zu erkennen, wahrzunehmen, geistig und innerlich einen Schritt zurück zu gehen – und wenn das noch nicht hilft, gehe ich auch wirklich ein, zwei Schritte zurück, oder Stelle mich hinter meinen Bürostuhl, das hilft mir auf jeden Fall, Abstand zu gewinnen – und nicht wütend zu werden!

Du glaubst gar nicht wie stolz ich bin, wenn ich das wieder geschafft habe – ein sehr schönes, fast schon berauschendes Gefühl.
Und es ringt mir manchmal sogar ein Lächeln ab – was schon des Öfteren für Verwirrung in einer hitzigen Diskussion geführt hat….
Regelmäßige Meditations- und Entspannungsübungen führen zu innerer Gelassenheit, Geborgenheit, Glück und einem offenen Herzen – zu innerem Frieden.
Und dann – und auch nur dann – wenn wir in uns selbst Sanftmut und inneren Frieden kultiviert haben – können wir ihn, nicht nur aber auch in extremen Situationen, nach außen tragen.
Diesen Zustand, des ganz in sich selbst Ruhens, nennt sich Sammlung… und ist

Das siebte Geheimnis der Schildkröte

Mit viel Übung, und noch mehr Geduld – vor allem uns selbst gegenüber – und der Taktik der kleinen Schritte, können wir diesen friedfertigen Zustand in uns selbst kultivieren.
Das hilft uns dabei unseren Mitmenschen mit Ruhe und Güte zu begegnen – und uns selbst auch!

„Nicht außerhalb, nur in dir selbst sollst du den Frieden suchen. Wer die innere Stille gefunden hat, der greift nach nichts und er verwirft auch nichts." **Buddha**
Übrigens gibt es auch eine schöne Entspannungsmethode mit dem Namen „Schildkröte":

Nimm dir hierfür fünf Minuten Zeit und suche dir einen Ort, an dem du ungestört bist.

Versetze dich dann in eine Schildkröte. All Deine Bewegungen und all deine Gedanken lässt du nun in Zeitlupe geschehen.

Je länger du dies tust, desto mehr wird sich dein Bezug zu deiner Umwelt verändern und schließlich stellt sich ein sehr entspannter und ruhiger Zustand ein.

Wenn du mal alleine zu Hause oder auf der Arbeit bist, kannst du auch versuchen deine Tätigkeiten langsamer und mit mehr Aufmerksamkeit auszuführen – du wirst merken, dass das wesentlich angenehmer ist, als in Hektik und Hetze zu arbeiten...

Aber nun lassen wir, wie versprochen, Frau Dr. Matyssek noch einmal zu Wort kommen...

Abschalten kann man lernen

Abends vor Erschöpfung rasch einschlafen, aber mitten in der Nacht aufwachen und sofort an die Arbeit denken?
Das ist Alltag in vielen deutschen Betten.
Eine aktuelle Forsa-Umfrage im Auftrag der Techniker-Krankenkasse zeigt: Jeder Dritte klagt über Durchschlafstörungen. Hauptsächlich verantwortlich hierfür ist beruflicher Stress.
Genauer: Es fällt Berufstätigen schwer, ihren Arbeitstag gedanklich hinter sich zu lassen und nach Feierabend abzuschalten. Sie nehmen ihre Sorgen mit ins Bett. [29]

Du kennst es sicherlich auch von dir selbst oder vielleicht deinem Partner.
Unnötig zu erwähnen, dass wir eine wirkliche Erholung für uns dadurch nicht generieren können und somit auch unsere Leistungsfähigkeit – beruflich wie auch im Privaten – langfristig ruiniert wird.

Aber Dr. Anne Katrin Matyssek verspricht uns – abschalten kann man lernen.
Hören wir ihr doch mal zu, was sie dazu zu sagen hat:
„...Wirksam sind verhaltenstherapeutische Tipps, Gedankentraining für den „Grübelstopp im Bett" und Entspannungsübungen, die Schlafmittel ersetzen.
Diese Techniken vermitteln ein Gefühl von Kontrolle und verhindern, dass die Gedanken immer wieder ins Büro wandern. Den Arbeitstag bewusst hinter sich zu lassen, ist allerdings eine Frage der Disziplin. Abschalten will gelernt sein!

Schon im Büro beginnen

Selbst wenn es paradox klingt: Ein gelungener Feierabend beginnt schon im Büro. Man sollte den Arbeitstag noch einmal in Gedanken durchgehen und „klar Schiff" machen für den morgigen Tag.
Zum Beispiel mit einer Liste. - Was man aufschreibt, kreist nicht nachts durch den Kopf.
Notizen machen schützt gegen Vergessen und erleichtert das Abschalten. Auch Schlüsselreize sind empfehlenswert, etwa der tägliche Gedanke beim Abschließen der Bürotür „Geschafft! – Feierabend!"

Bevor ich abends in meinen wohlverdienten Feierabend gehe, lasse ich den Tag noch einmal Revue passieren. Gucke, was für Morgen in meinen Terminkalender steht, halte vielleicht sogar noch ein kleines Feierabend - Pläuschchen mit meinem Arbeitskollegen.
Dann fahre ich meinen Rechner runter, bringe meine Kaffeetasse oder mein Wasserglas in den Geschirrspüler, ziehe meine Jacke an und sage allen Arbeitskollegen im Büro „Tschüss – bis morgen!"
Dann weiß nicht nur ich, sondern auch mein Kopf – für heute ist definitiv Feierabend!

Kontrasterlebnisse schaffen

„Die Deutschen sind regelrechte Abschalt-Muffel", meint Dr. Matyssek.
„Statt nach dem Bürotag bewusst ein Kontrasterlebnis zu schaffen, setzen sie sich abends wieder vor einen Bildschirm und bewegen die rechte Hand – diesmal zur Verwendung der Fernbedienung. Das kann keine Erholung bringen."
Wer tagsüber gesessen hat, braucht abends Bewegung.
Wer Ruhe hatte, braucht Geselligkeit, und umgekehrt.

Gerade in der Stunde vor dem Zubettgehen sollte man sich mit angenehmen Sinneseindrücken umgeben, wie etwa Entspannungsmusik hören.

Die wichtigsten 6 Tipps zum erfolgreichen Abschalten:

- Ruheinseln im Arbeitstag: 5- bis 6-mal täglich 10 Sekunden Pause machen!
- Abschied vom Arbeitstag: Bilanz ziehen und Notizen machen!
- Feierabend als Kontrastprogramm: Erholsam ist, was anders ist!
- Einschlaf-Routine entwickeln: Spaziergang, Schlaftee, Schlafanzug!
- Schluss mit dem Gedankenkreisen: Entspannungsübungen helfen!"

Wie ich finde ein paar sehr gute Tipps – die übrigens nicht nur bei Problemen im Arbeitsalltag helfen!
Seitdem ich mir auch zwischen durch mal einen Kaffee oder Tee in der Kantine gönne – kurz mal weg vom Arbeitsplatz und was anderes sehen und hören – bin ich viel entspannter und frischer.
Oder ich lehne mich einfach zurück in meinem Bürostuhl und genieße mein Glas Wasser ganz bewusst und in kleinen Schlucken – mit Blick aus dem Fenster.

Du glaubst es vielleicht nicht – aber auch diese Minute hilft schon sich zu entspannen und einen kleinen Abstand zu gewinnen.
Ich kann danach viel energiegeladener weiter machen.
Wenn du dir diese kleinen Pausen, über den Tag verteilt, regelmäßig einplanst kommt dir der Arbeitstag auch nicht mehr ganz so lang vor

– und du hast nach dem Feierabend auch noch Energie und Kraft für den Rest des Tages – Familie oder Freunde oder Sport.

Deshalb sollten wir uns Ruheinseln auch in unserem normalen Alltag einbauen – auch wenn wir nicht arbeiten.
Im Urlaub, an Wochenenden und Feiertagen.

Genauso sollten wir öfter komplett abschalten – hier ist wieder das Thema „Zeit für sich selbst" generieren – du merkst, man stößt überall darauf – weil es eben so immens wichtig ist! - Auf dem Weg zu dir Selbst und zu mehr Gelassenheit und inneren Frieden.

Solltest du jetzt den Wunsch verspüren auch etwas mehr für deine Gelassenheit zu tun, mehr auf dich acht zu geben und dir mehr Zeit für dich selbst zu nehmen – sehr gut! Leg los!

Egal was du dir auch Vornimmst oder was für Vorsätze du fasst - hier noch ein paar Tipps aus dem Selbstcoaching und Motivationstraining Sektor.

- Vorsätze immer schriftlich verfassen. Wir setzen selten in die Tat um, was wir nur denken!
- Vielen hilft es, sich ein Startdatum für den neuen Vorsatz oder die neue Lebensweise zu setzen. Ein neuer Lebensabschnitt (Neujahr, Geburtstag, Hochzeit – oder wie bei mir die Scheidung) ist ein guter Ausgangspunkt dafür
- Mache deinen Vorsatz öffentlich – soll heißen, erzähl es deinen Freunden, Kollegen, der Familie – je mehr Menschen du davon erzählst, desto größer ist die Wahrscheinlichkeit das du auch dranbleibst!

Noch ein paar Tipps von Frau Fr. Matyssek:
Nehmen Sie sich doch heute Abend, eine Stunde bevor Sie zu Bett gehen, ca. 15 Minuten Zeit und notieren Sie auf einem DIN A4-Blatt (oder besser noch: in einem Heft, das Ihre Fortschritte festhält) Antworten auf folgende Fragen:

- Wie lang wollen Sie das Abschalten von nun an "üben"? Wählen Sie den Zeitraum nicht zu kurz. Mindestens zwei bis drei Monate sollten es schon sein; die richtig intensive Phase sollte mindestens 3 Wochen dauern, aber auch danach ist es wichtig, dass Sie immer wieder in Ihre Aufzeichnungen schauen, um zu prüfen, ob Sie noch "in der Spur" sind.

- Was wollen Sie konkret tun, um das Abschalten zu verbessern?
Beginnen Sie mit dem Abschalten schon im Büro und nicht erst daheim. Denn wenn die Gedanken immer wieder zur Arbeit zurückwandern, ist Abschalten nach Feierabend unmöglich. Nehmen Sie sich zum Beispiel vor:

Wählen Sie Tipps auf mehreren Ebenen, also für Ihren Körper, Ihre Gedanken und Ihr Verhalten. Denn alles ist wichtig, damit das Abschalten gut gelingt.
Notieren Sie:
Gedanken: "Als Schutz gegen Grübelgedanken schreibe ich eine Stunde vor dem Schlafengehen auf ein Blatt Papier, was mich noch beschäftigt. Erst wenn ich innerlich ruhig geworden bin, lege ich das Blatt beiseite (oder reiße es in kleine Stückchen)."
Verhalten: "Damit ich gut schlafen kann, bereite ich das Schlafen vor, indem ich mir vorm Zubettgehen einen Tee koche. Wenn ich länger als (gefühlte) 20 Minuten wach liege, stehe ich auf und warte, bis ich müde werde."

Körper: "Damit mein Körper zur Ruhe kommen kann, gehe ich abends eine Runde um den Block, und zwar gegen 21 Uhr".

- Wer oder was soll Sie beim Abschalten-Lernen unterstützen? Abschalten geht nicht von allein, vor allem, wenn wir älter werden. Es ist Arbeit, das merken Sie schon an diesem Artikel. Sie können sich die Arbeit erleichtern, indem Sie sich Unterstützung besorgen.

Ein Buch kann eine solche Hilfe sein. Ein Schlaf-Ratgeber, beispielsweise, oder eine Entspannungsmusik, die Sie wie ein kleines Ritual vorm oder zum Einschlafen hören
Oder auch ein Kalender oder Jahresbegleiter mit schönen, ruhigen Bildern in Ihrem Schlafzimmer, der Sie einstimmt auf eine ruhige Nacht."

Ein Buch – das ist eine gute Idee – lies doch einfach dieses hier weiter...

Nachdem wir nun einiges darüber gehört haben, wie wir Abschalten lernen und uns entspannen können – gucken wir uns – sozusagen als kleinen Abstecher – mal an, wie es nicht funktioniert – Der Mythos Multitasking...

Multitasking – Mythos und Wirklichkeit

Multitasking – seit vielen Jahren in aller Munde und heute in meinen Augen aktueller denn je.

Wer hat nicht schon mal im Kino gesessen und während der Pause vor dem Film nochmal schnell auf sein Handy geschaut. Oder hatte zumindest so einen Sitznachbar…

Oder wir checken neben dem Telefonieren mal kurz unseren Posteingang…

Es spart ja auch so schön viel Zeit und ist praktisch, mehrere Dinge gleichzeitig zu erledigen.

Oder etwa nicht? Ist das etwa nur ein Trugschluss?

Was ist dran an Multitasking – können wir wirklich mehrere Dinge Gleichzeitig?

Und was ist Multitasking eigentlich?

Nehmen wir das Phänomen doch kurz mal unter die Lupe…

Was bedeutet Multitasking?

Ursprünglich entstammt der Begriff „Multitasking" aus der Computer Branche – wo er die Fähigkeit des Computers bzw. des Betriebssystems beschreibt, mehrere Aufgaben zeitgleich zu bearbeiten.

Später wurde dieser Begriff auch auf uns Menschen übertragen – da es immer mehr üblich wurde mehrere Dinge gleichzeitig zu tun.

Der ideale Angestellte sollte belastbar und flexibel sein, so stand und steht es in fast jeder Stellenanzeige.

Und die optimale Steigerung davon ist „multitaskingfähig".

Mitarbeiter, die wie ein Computer mehrere Aufgaben zugleich erledigen können, sind der Traum eines modernen Arbeitgebers.

Doch dass er fast zwangsläufig platzen muss, legen neuere Studien aus der Psychologie und Hirnforschung nahe. [30]

Besser und effektiver arbeiten mit Multitasking?

Anfang des 21. Jahrhunderts galt Multitasking als das Non-Plus Ultra schlecht hin (obwohl auch damals schon einige Gegenstimmen zu hören waren).
Mehrere Aufgaben gleichzeitig erledigen - Juhu – Produktiver geht es nicht mehr!
Aber ist das wirklich so? Sind wir wirklich produktiver und arbeiten wir besser und erfolgreicher mit Multitasking?

Leider nein - seit einigen Jahren kristallisiert sich nämlich heraus – Multitasking ist wohl doch nur ein moderner Mythos! [31]

Wir können nicht mehrere Aufgaben oder komplexe Tätigkeiten gleichzeitig erfüllen – da macht unser Gehirn gar nicht mit.
Du kennst das bestimmt aus eigener Erfahrung – was passiert, wenn wir mehrere Dinge gleichzeitig machen sollen?
Wir werden nach kurzer Zeit hibbelig, wir werden unkonzentriert und uns unterlaufen Flüchtigkeitsfehler. Ich schlimmsten Fall leidet auch noch unsere Laune und unser Nervenkostüm!

Das ist nicht nur unproduktiv und uneffektiv – es führt auf Dauer auch zu Unzufriedenheit, da das Gefühl, eine Aufgabe abgeschlossen zu haben, fehlt.
Dadurch, dass wir immer mehrere Eisen im Feuer haben, haben wir immer das Gefühl nicht fertig zu werden – Frust und sogar Stress sind nicht selten die Folge.

Eigentlich sollte Multitasking die Effizienz und Produktivität steigern, tatsächlich führt die gleichzeitige Arbeit an mehreren Aufgaben jedoch zu einem nicht unerheblichen Konzentrations- und somit auch Leistungsverlust.

Alles gleichzeitig funktioniert nicht

Ein Beispiel: Telefonieren und Auto fahren. Sollte man ohnehin nicht tun, jedenfalls nicht ohne Freisprechanlage. Und auch dann nur in Notfällen...
Was jedem einleuchtet, haben US-Forscher der Universität Utah in einem Test überprüft. Die Versuchspersonen saßen am Steuer eines Fahrsimulators und sollten während des Fahrens telefonieren, in einem weiteren Versuch sollten sie auch noch eine SMS verfassen. Das Ergebnis: Ihre Leistungsfähigkeit sank um mindestens 40 Prozent. Gleichzeitig erhöhten sich die Stress-Werte der Probanden erheblich. Die Fehlerquote war ähnlich hoch wie sonst nur bei betrunkenen Fahrern mit einem Promillewert von 0,8! [32]

Einige Forscher hegen sogar den Verdacht, dass Multitasking den IQ senkt.

Dümmer dank Multitasking?

Naja – zumindest ist es nicht effizienter oder produktiver. Wir erzielen nicht mehr Leistung oder schaffen mehr – und wenn dann nur mit Qualitätsverlust im Arbeitsergebnis.
Wer, wie ich, einen Bürojob hat, kann bestimmt ein Lied davon singen – auch wenn es immer heißt „... ihr sitzt doch nur vorm PC...".
Ein Satz, den ich mir immer wieder anhören muss – meistens von Leuten, die nicht im Büro arbeiten und somit auch nicht wissen, was

es bedeutet am PC zu arbeiten, zu telefonieren und nebenan wartet bereits ein Arbeitskollege mit irgendeiner Frage oder Bitte...

Aber das nur am Rande...

Neurowissenschaftler und Arbeitspsychologen haben das Phänomen über Jahre untersucht.
Ihr Fazit: Neurobiologisch gibt es gar kein Multitasking. Das Gehirn kann sich nur auf eine, maximal zwei komplexe Tätigkeiten gleichzeitig konzentrieren. [33]
Wir glauben, wir machen mehrere Dinge gleichzeitig – aber in Wirklichkeit wechseln wir nur unglaublich schnell zwischen den verschiedenen Tätigkeiten hin und her.

Jetzt sagst du vielleicht – Musik hören und in Gedanken schwelgen – das geht doch gleichzeitig.
Das Argument habe ich schon öfter gehört...
Es ist auch richtig – hier funktioniert Multitasking, wenn wir bei diesen Tätigkeiten denn davon sprechen wollen, weil wir uns nicht sonderlich konzentrieren müssen.
Versuch aber mal bei einem (wichtigen) Telefonat auch gleichzeitig, dir Notizen zu machen.

Ich bekomme als Ergebnis immer nur die Hälfte vom gesagten mit – und mit meinen Notizen kann ich nachher kaum etwas anfangen, da hier und da ein wichtiges Detail fehlt...
Ein guter Trick hierbei ist übrigens, das Telefon auf Lautsprecher zu stellen – Notizen machen funktioniert so zumindest besser als mit Hörer in der Hand.
Genauso, wenn ich auf einem Meeting das Sitzungsprotokoll schreiben darf – schreiben und gleichzeitig auch noch aufmerksam zuhören - sehr, sehr schwierig.
Na – erkennst du dich wieder?

Menschen, die „Multitasking" praktizieren, lassen sich, wenn sie nur eine Aufgabe zu bewältigen haben, auch viel leichter Ablenken – sie sind einfach gewohnt auf alles und jeden zu achten.
Und durch das leichte „Abgelenkt Sein" brauchen sie oft auch länger, um diese eine Aufgabe zu erledigen.

Ich für meinen Teil arbeite, mittlerweile, lieber alles schön ruhig - „Step-by-Step" ab.
„Na klar – würde ich auch gerne! – Geht aber nicht immer!" Höre ich dich da gerade denken!?!

Natürlich geht es in manchen Fällen nicht – oder doch?
Probiere es einmal aus – du wirst feststellen, dass du nicht - wenn überhaupt - weniger Arbeit schaffst als im „Multitasking" Modus!
Aber du hast einen entscheidenden Vorteil – die Güte deiner Arbeit und deiner Arbeitsergebnisse nimmt zu – und das wird auch deinem Chef nicht entgehen!
Bei mir funktioniert es! Und ich gehe abends viel entspannter nach Hause – und mein Chef ist auch mit mir zufrieden!

Du hast doch bestimmt auch den einen oder anderen Kollegen oder die ein oder andere Kollegin bei dir in der Firma, die auch immer mehrere Dinge gleichzeitig machen.
Sieh mal genauer hin – ich habe festgestellt, dass viele „Multitasker" bei „Unterforderung" hektisch und nervös werden – unruhig eben.
Oft sind sie es nämlich gar nicht mehr gewohnt, eins nach dem anderen zu erledigen. Sie brauchen den Stress des Multitaskings – es ist schon fast wie eine Droge für sie…

Verlieren wir durch Multitasking die Fähigkeit zur Ruhe und Entspannung?

Lassen wir doch mal ein paar Profis zu diesem Thema zu Wort kommen:
„Auch Informationen, die sie in ihrem Kurzzeitgedächtnis behalten hatten, konnten die überzeugten Multitasker schlechter in wichtige und unwichtige einteilen. Sie brauchten sogar länger, um von einer zur anderen Tätigkeit zu wechseln. Das überrascht umso mehr, bedenkt man welch wichtige Rolle dem schnellen Hin-und Herwechseln beim Multitasking zukommt."
Clifford Nass von der Stanford University vermutet, dass es solchen Menschen schwer fällt, den Kopf frei zu kriegen.
„Sie denken immer darüber nach, was sie zuvor getan haben oder in Zukunft machen werden, und verschlechtern damit ihre Denkleistung."
Da sich die Teilnehmer der beiden Testgruppen in ihren geistigen Fähigkeiten sonst nicht erheblich unterschieden, könnte die Konzentrationsschwäche eine Folge des häufigen Multitaskings sein. Nass räumt aber ein, dass es auch umgekehrt sein könnte: Vielleicht neigen Menschen zum Multitasking, die sich sowieso schlecht auf eine einzelne Sache konzentrieren können. [34]

Doch auch Multitasking scheint man trainieren zu können. Das jedenfalls berichtet der Hirnforscher René Marois von der Vanderbilt University und Kollegen im Fachblatt „Neuron".

Ihre Versuchspersonen sollten auf akustische Reize mit stimmlichen Äußerungen reagieren, auf visuelle mit Fingerbewegungen antworten.
In früheren Versuchen hatten sie gezeigt, dass Menschen bei der zweiten von zwei Tätigkeiten länger brauchen, wenn beide Aufgaben schnell hintereinander folgen. „Die Nervenaktivität im Gehirn schien

bei der zweiten Handlung verzögert zu sein, wenn die beiden Aufgaben fast gleichzeitig präsentiert wurden", so Marois.
Wenn die Probanden eine Sekunde oder mehr zwischen den Aufgaben hatten, gab es diese Verzögerung nicht. Mit Hilfe bildgebender Verfahren hat Marois auch den Bremsklotz im Gehirn gefunden: den für die Steuerung von bewussten Prozessen wichtigen präfrontalen Cortex. Offenbar kann diese Hirnregion nicht mehrere Prozesse gleichzeitig ausführen.
Die zweite Handlung wird aufgeschoben bis die erste abgeschlossen ist.
In einer neuen Studie nun trainierte Marois die Probanden gezielt darauf, beide Aufgaben auf einmal zu bewältigen. Und siehe da – die Reaktionen kamen deutlich schneller. Der präfrontale Cortex, so zeigte sich, arbeitet nach dem Training schneller. Dadurch überlappten sich beide Aufgaben weniger und konnten unmittelbar nacheinander ausgeführt werden.
Was effektives Multitasking normalerweise verhindere, sei die langsame Geschwindigkeit, mit der der präfrontale Cortex Informationen verarbeite, sagt Paul Dux, ein Mitautor der Studie. „Unsere Untersuchungen legen nahe, dass unser Gehirn selbst nach intensivem Training nicht wirklich zwei Tätigkeiten zugleich ausübt." Es erledige immer nur eine Sache auf einmal. „Aber das macht es so schnell, dass wir die Illusion haben, zwei Aufgaben gleichzeitig zu bewältigen."[35]

Angeblich konnte Napoleon Bonaparte parallel einen Brief lesen, einen zweiten diktieren und einen dritten selbst schreiben. Ob er es auch deshalb zum Herrscher über weite Teile Kontinentaleuropas gebracht hat, lässt sich nur vermuten.

Ständiges Umschalten im Gehirn führt zu Fehlern

"Wenn tatsächlich parallel hohe Anforderungen an die Aufmerksamkeit und das Denkvermögen gestellt werden, bekommt man zwangsläufig erhebliche Einbußen bei der Erledigung der einen, der anderen oder beider Aufgaben", erläutert der Aachener Psychologe, Iring Koch.

Neurowissenschaftler erteilen dem Multitasking inzwischen ebenfalls eine Absage.
Ihr Fazit: Das Gehirn kann sich meist nur auf eine, maximal auf zwei Tätigkeiten gleichzeitig konzentrieren. Und letzteres auch nur, solange die Anforderungen an die Geisteskräfte gering bleiben.

Dieses ständige Switchen beim gefühlten Multitasking hat jedoch eine Kehrseite: Das Gehirn kann Informationen, die für die eine Aufgabe relevant sind, nicht so einfach von einer Sekunde auf die andere abschütteln.
"Die Infos schleichen sich in die Bearbeitung der anderen Aufgabe ein und können diese dann beeinträchtigen", stellt Iring Koch klar.
Und auch die verbreitete Ansicht, Frauen seien mulititasking-fähiger als Männer, räumt er gleich aus der Welt. "Es gibt bislang keine aussagekräftigen Studien, die das wissenschaftlich belegen."

Besser Aufgaben nacheinander erledigen

Iring Koch empfiehlt ganz generell, die Dinge möglichst nacheinander zu erledigen. "Am effektivsten ist, bei einer Sache zu bleiben, bis man zumindest ein Zwischenziel erreicht hat, und erst dann etwas anderes einzuschieben." Nur wie soll das gehen, wenn die Präsentation in einer Stunde stehen muss, der Chef per Telefon aber plötzlich wegen der Agenda für das Abteilungs-Meeting drängelt und zudem im Minutentakt Emails eintreffen?

Der Psychologe räumt gleich ein, dass Berufstätige immer wieder zum Multitasking gezwungen sind, weil ungeplant noch etwas Neues auf ihrer To-do-Liste auftaucht. Und weil ihre Tätigkeiten insgesamt vielfältiger geworden sind. Das schafft Abwechslung und verhindert einen monotonen Arbeitsalltag.

Auf der anderen Seite verursacht es Stress, zwei Aufgaben unter Zeitdruck schaffen zu müssen. Das Problem, wegen der zunehmenden Arbeitsverdichtung am Multitasking heute nicht mehr vorbei zu kommen, sei aber zumindest teilweise hausgemacht, meint Koch.

"Tatsächlich können wir im Beruf häufig selbst entscheiden, ob wir Aufgaben nacheinander absolvieren und in welcher Reihenfolge – nur machen wir das oft nicht."

Statt Mails erst zu sammeln und dann gebündelt abzuarbeiten, werden sie gleich angeschaut und beantwortet. Dies zu ändern, erfordert vor allem eines: Disziplin.

Ob eine Person sich mit mehreren Dingen parallel beschäftigt – auf Kosten seiner Leistungsfähigkeit – hängt also nicht nur vom Arbeitgeber ab. "Das hat man auch selbst in der Hand", stellt Iring Koch klar. [36]

Genau mein Reden – danke Herr Koch !

Wir sehen also auch hier – wir haben es in der Hand.
Und ich möchte noch ergänzen – wenn nicht, sollten wir das, zumindest stückchenweise, ändern – auch wenn es bedeutet, dass Einbußen in Form von weniger Prestige oder Geld die Folge sind.
Ich spreche auch hier wieder mal aus eigener Erfahrung.

Von meinem Job als Leiter für Lagermanagement, in dem ich unter anderem auch noch die Funktionen als EDV- Key User und Beschwerdekoordinator innehatte.

Oft waren die Tage von 06:30 Uhr bis 18:30 nicht lang genug, um alle Aufgaben zu erledigen, da ich auch noch „Tagesgeschäft" zu bewältigen hatte, ein Meeting das nächste jagte und ich nicht mal Zeit hatte, diese auch entsprechend nachzuarbeiten.
Denn irgendeine Aufgabe nahm ich immer mit aus den Meetings.
Die eigentliche Aufgabe als Vorgesetzter – nämlich das betreuen, anleiten, unterstützen und führen meiner Mitarbeiter – konnte ich nur am Rande wahrnehmen.
Oft blieb es sogar ganz auf der Strecke. Was natürlich die Zusammenarbeit nicht gerade fördert und somit noch mehr Stress schafft.

Führen durch Vorbild oder gar Fürsorgepflicht, die, wie ich finde, wichtigsten Pflichten eines Vorgesetzten, waren – zwangsweise - Fremdwörter für mich – und das nicht nur meinen Mitarbeitern, sondern ganz besonders auch mir selbst gegenüber.

Die Folge: Ich war ständig gereizt und übermüdet, da ich ziemlich oft – auch nach Feierabend – mit den Gedanken in der Firma war.
- Was hast du heute nicht geschafft?
- Hast du etwas vergessen?
- Was ist Morgen ganz besonders wichtig?
-

Ich war damals gerade frisch mit meiner heutigen Frau zusammen und die Beziehung litt teilweise sehr darunter! Immer musste sie aufpassen, was und wie sie es in meiner Gegenwart sagte – weil es sonst passieren konnte, dass ich regelrecht ausrastete! Im Rückblick erstaunlich, dass sie das ausgehalten hat – Danke dafür, mein Schatz!

Und wer das aus eigener Erfahrung kennt, der ahnt, wie es geendet hat – Burn Out ist es, Gott sei Dank, nicht geworden.
Aber viel hätte laut meinem damaligen Arzt auch nicht gefehlt.

Nach etlichen Gesprächen mit meiner jetzigen Frau, habe ich trotz geldlicher Einbußen, nach ungefähr zwei Jahren Dauerstress die Reißleine gezogen.

Und was soll ich sagen – mir ging es nach einigen Wochen schon bedeutend besser – nicht zuletzt auch dank der Unterstützung meiner Frau und meiner neuen Lebenseinstellung.

Ein guter Freund von mir hatte nicht so viel Glück und fiel über ein Jahr lang wegen Depressionen aus! Und hat auch noch heute daran zu knabbern.

Als er mit seiner Frau letztlich mal wieder ein paar Tage zu Besuch bei uns war, war ich erstaunt – aber gleichzeitig auch froh, als er anfing, in meinen Büchern über Gelassenheit und Co. zu lesen und sich auch einige mit nach Hause genommen hat – ich hoffe, dass sie ihm auch helfen!

Mittlerweile bin ich nervlich so gefestigt, dass ich in vielen stressigen Situationen ruhig und entspannt bleiben kann – und auch will!

Und ich glaube das ist auch das Wichtigste daran – das Wollen!

Wir müssen für uns den festen Entschluss fassen, gelassener werden zu wollen.

Es klappt noch bei mir noch nicht immer – aber immer öfter!

Und inzwischen macht mir das tägliche „sich-in-Gelassenheit-üben" und sich selbst zu beobachten und zu analysieren riesigen Spaß!

Ich kann es dir wieder nur von ganzem Herzen empfehlen, es selbst auszuprobieren! Die Ergebnisse werden dich überraschen – bei mir war es zumindest so…

Ich habe für mich festgestellt – mit regelmäßigen Geistes- und Körperübungen, der Anwendung von Achtsamkeit kann ich besser arbeiten. Nicht nur in Hinsicht auf Güte und Qualität meiner Arbeit, sondern auch meiner Gesundheit!

Mit Achtsamkeit besser arbeiten

und ob du es glaubst oder nicht – auch hierzu gab es schon Studien. Hätte ich das vorher gewusst – mir wäre sicherlich einiges erspart geblieben.

Ein Forscherinnenteam um die Psychologin Ute Hülsheger hat herausgefunden, dass Achtsamkeit auch bei der täglichen Arbeit hilft. Wer im anstrengenden Job achtsamer war oder sich Achtsamkeit antrainierte, war weniger erschöpft und mit seinem Beruf zufriedener. Außerdem zeigte er seltener einen aufgesetzten Gefühlsausdruck. [37]

Seit Jon Kabbat-Zinn, der Vorreiter in der westlichen Welt in Bezug auf Achtsamkeit, in den 1980er Jahren an der University of Massachusetts ein achtwöchiges Achtsamkeitstraining entwickelte, um damit die Heilung bei körperlichen Erkrankungen zu unterstützen, schießen Achtsamkeitspraxen wie Pilze aus dem Boden und nicht wenige behaupten, dass diese Art der Aufmerksamkeit ein ganzes Leben verändern kann.
Ute Hülsheger und Ihr Team haben untersucht, wie sich Achtsamkeit in schwierigen Berufen mit viel Kundenkontakt auswirkt.
Die Psychologinnen führten zwei Tagebuchstudien durch.
In der ersten Studie ging es darum, welche Auswirkungen „natürliche" Achtsamkeit hatte, also eine, die nicht antrainiert ist.
Dazu gaben sie 219 Krankenschwestern, Lehrern, Personalmanagern, Verkäufern und Sozialarbeitern ein Tagebuch an die Hand. In diesem notierten diese fünf Tage lang und zweimal pro Tag ihre Achtsamkeit,

eingeteilt in „wenige Achtsamkeit" für arbeiten, die ausgeführt wurden, ohne groß darüber nachzudenken. Und „größere Achtsamkeit" für Aufgaben, welche bewusst ausgeführt wurden. Außerdem wurde erfasst, ob sich die Befragten emotional erschöpft fühlten und mit ihrem Beruf zufrieden waren. Schließlich sollten die Teilnehmer noch angeben, ob sie Surface Acting machten. Das ist eine Form der Gefühlssteuerung, bei der negative Gefühle unterdrückt und positive gezeigt werden. Auf der Oberfläche eines Lächelns wird Freude vorgetäuscht, die gar nicht empfunden wird. Diese oberflächliche Emotionsarbeit führt über längere Zeit zur Erschöpfung. Sie müsste bei achtsamer Wahrnehmung seltener werden, weil man dann seinen Ärger auch mal stehen lassen kann, ohne ihn gleich reflexartig zu überspielen.

In der zweiten Studie erhielten 64 Teilnehmer ein Selbsttraining zur Achtsamkeit. Wieder waren es Angestellte, die in Berufen mit viel Kundenkontakt tätig waren. Sie bekamen ein Trainingsbuch und eine Trainings-CD und sollten damit zwei Wochen lang selbstständig eine achtsame Haltung einüben. Jeden Tag mussten sie in ein Tagebuch schreiben, wie oft sie übten, wie sie sich fühlten und ob sie mit ihrem Job zufrieden waren.

Das Ergebnis:

Je achtsamer, desto zufriedener und kraftvoller

In den beiden Studien zeigte sich, dass die Teilnehmer mit ihrem Job umso zufriedener und weniger ausgelaugt waren, je achtsamer ihre Wahrnehmung war.
Im Einzelnen:
Achtsamkeit beugte emotionaler Erschöpfung vor. Sowohl Achtsamkeit als Persönlichkeitsmerkmal als auch von Tag zu Tag schwankende Achtsamkeit führte dazu, dass man von den Mühen des Alltags weniger entkräftet war.

Achtsamkeit machte zufriedener. Achtsame Personen waren mit ihrem Beruf zufriedener als solche, die sich nicht auf den gegenwärtigen Moment einlassen konnten.

Das Achtsamkeitstraining war erfolgreich. Nach dem Training fühlten sich die Lehrer, Verkäufer und Sozialarbeiter weniger gestresst und waren zufriedener. Durch diese Intervention ließ sich auch sagen, dass Achtsamkeit ursächlich für bessere Gefühle war.

Surface Acting nahm eine Schlüsselposition ein. Ein weniger oberflächliches Gefühlsleben erklärte den Effekt, den Achtsamkeit auf Erschöpfung und Zufriedenheit hatte. Offensichtlich wurde durch eine achtsame Haltung ein reflexartiges, aufgesetztes Lächeln außer Kraft gesetzt, das zu noch mehr Verspannung führte. Durch die objektive Wahrnehmung des empfundenen Ärgers und der Wut konnte man besser damit umgehen.

Wir sehen Achtsamkeit ist also nicht nur im Alltag, Wellness-Oasen oder Retreats hilfreich, sondern auch am Schreibtisch oder bei Meetings.

Die Studien legen auch nahe, dass nur ein paar Minuten Achtsamkeit pro Tag ausreichen, um sich einen Puffer gegen Arbeitsstress zuzulegen.

Ich für meinen Teil, kann die Aussagen nur bestätigen.
Je mehr ich die Praxis der Achtsamkeit lebe, desto zufriedener, entspannter und lebensbejahender werde ich.

Du wirst sehen, welche Qualität dein Leben gewinnt, wenn du abends entspannt nach der Arbeit nach Hause kommst – dein Partner oder deine Partnerin wird es merken und dir danken!
Und auch du wirst es dir danken – denn du kannst deine Nachmittage und Abende ganz anders genießen und gestalten als vielleicht bisher.
Du wirst viel mehr Elan und Energie verspüren, da du diese nicht bereits damit vergeudet hast, dich über deinen Chef, einen

Arbeitskollegen, einen nervigen Kunden oder eine langweilige Sitzung, den Straßenverkehr, dem verspäteten Bus oder die Bahn zu ärgern.

Also – gönne dir deine Ruheinseln im (Arbeits)Alltag, sorge für Kontraste und genieße auch die kleinen Dinge im Leben ganz bewusst – und warte ab, was passiert.
Ich wünsche dir vom ganzen Herzen, dass du genau solche Erfahrungen machst wie ich – viel Glück!

„Glücklich ist, wer daran glaubt, dass es nie im Leben zu spät ist, um neu anzufangen…"

Zu diesem schönen Sprichwort passt auch unser nächstes Kapitel…

Ein Neubeginn

„Es ist nie zu spät, der zu werden, der du hättest sein können!"
Die Köpfe der Genies

Dieses Sprichwort sollten wir uns wirklich zu Herzen nehmen und uns auch ruhig des Öfteren durch den Kopf gehen lassen – nicht nur weil es wahr ist, sondern um uns ins Gedächtnis zu rufen, dass wir jeden Tag nutzen können um aus uns die beste Version unseres Selbst zu machen!
Jeden Tag erhältst du die Chance, ein neues Leben zu beginnen, das Leben zu leben, das du möchtest – nutze sie!
Denn unser Leben hört nicht nach der Arbeit auf – weder am Feierabend, noch beim Eintritt in das Rentenalter!

„Gib jedem Tag die Chance, der schönste deines Lebens zu werden!"

Wir haben heute, mehr denn je, die Chance unser Leben auch nach der Arbeit zu genießen - unsere Lebenserwartung nimmt mit jedem Tag den wir älter werden derzeit um ca. 5 Stunden zu – und Menschen, die im 21. Jahrhundert geboren wurden, haben sogar eine 50% Chance Ihren 100. Geburtstag noch zu erleben.
Durch eine bessere medizinische Versorgung, Hygiene-Standards – und nicht zuletzt, sondern ganz besonders auch wegen eines immer stärker werdenden Bewusstseins für sich selbst, für Gesundheit und Lebensfreude, bleiben wir länger fit und gesund.

Viele Menschen achten heute auf gesunde Ernährung, ausreichend Bewegung und Sport, und beginnen, wieder mehr Rücksicht auf sich selbst und Ihre Bedürfnisse zu nehmen.

Das verhilft zu einem lebensfroheren, leichteren und Sinn erfüllteren Leben – und somit auch zu mehr „Lebenslust".

Ein ganz wichtiger Faktor – nicht nur für einen Neubeginn.
Sondern ganz besonders für ein erfülltes und glückliches Leben.

Oft fehlt uns die Lebenslust oder der Lebenswille, weil wir überfordert sind vom Alltag, der Arbeit, unserem Leben – oder harten Schicksalsschlägen – wie einer schweren Krankheit oder dem Verlust eines geliebten Menschen, um nur einige zu nennen.
Und wenn du nicht gelernt hast, wie man damit umgehen kann...dann bleibst du leicht mal auf der Strecke.
Wie man an den ständig wachsenden Zahlen unserer sogenannten Zivilisationskrankheiten, wie Depression oder Burn-Out, deutlich sehen kann.

Also tue dir selbst einen Gefallen und stärke dein Immunsystem, lege dir „ein dickeres Fell" zu, treibe Sport und genieße jeden Tag.
Fange noch heute damit an – wie wir im Kapitel „Eine neue Aufgabe für mich" gesehen haben – Schicksalsschläge kommen meistens plötzlich und unerwartet!
Deshalb...

- Mache dich mental stark!
- Entschleunige dein Leben!
- Finde deine Work-Life-Balance
- Werde zum Akteur in deinem Leben – und nicht zum Re-Akteur!
- Kultiviere innere Ruhe!
- Entscheide dich bewusst für ein positives Leben!
- Suche die positiven Aspekte in jedem Augenblick – auch wenn es keine zu geben scheint!

Chronischer Stress bei der Arbeit oder im Privatleben, belastende Lebensumstände, traumatische Ereignisse wie der Tod eines Angehörigen oder der unerwartete Jobverlust spielen bei der Entstehung psychischer Erkrankungen wie Depression, Angst oder Burn-Out, aber auch bei Suchterkrankungen eine wichtige Rolle. Da wir versuchen uns mit anderen Dingen von unserem vermeintlich negativen Leben abzulenken. Sei es durch übermäßigen Alkoholgenuss, Sex mit ständig wechselnden Partnern, übermäßigem Essen, Rauchen, extremen Sportaktivitäten (auch das kann eine Sucht sein) und etlichem mehr. All dies sind Ablenkungsversuche, meist unbewusst, damit wir nicht ins Grübeln über unser Leben, unsere jetzige Situation, Beziehung und so weiter, kommen.

Denn wenn du grübelst und wirklich einmal nachdenkst und ehrlich mit dir bist – denn entdeckst du vielleicht, dass du mehr an deiner Situation verantwortlich bist als jeder andere Mensch in deiner Umgebung. Und das wiederum zeigt auch deutlich, dass auch nur du wirklich etwas daran ändern kannst. Aber dazu sind viele Menschen (noch) nicht bereit – denn das erfordert Mut, Ehrlichkeit sich selbst und auch Anderen gegenüber und eine Menge Kraft und Anstrengung, um eine Änderung herbeizuführen. Nicht selten geht es soweit, dass du dich vielleicht von deiner Arbeitsstelle, von Freunden oder sogar deinem Partner verabschieden musst oder möchtest, weil du erkennst, dass es nicht mehr funktioniert.

Diese Möglichkeiten und eventuellen Konsequenzen machen vielen Menschen Angst – und deswegen lassen sie lieber alles beim Alten und versuchen sich stattdessen mit etwas anderem abzulenken.

Allerdings noch viel, viel wichtiger als Stress, Krankheit oder vermeintlich widrige Umstände, ist die Art, wie wir damit umgehen!

Warum also können manche Menschen, bei all unseren alltäglichen Belastungen, dem Stress und den Anspannungen gelassen und locker bleiben, während die meisten Menschen im günstigsten Fall nur

genervt und angespannt reagieren – im schlimmsten Fall sogar dauerhaft krank werden?
Das Zauberwort heißt ...

Resilienz

Doch was genau ist das?

Eigentlich stammt der Begriff Resilienz aus der Materialkunde. Hier beschreibt er die Eigenschaft eines elastischen Werkstoffs, nach einer Verformung wieder seine ursprüngliche Form anzunehmen. Psychologen bezeichnen mit Resilienz die innere Widerstandsfähigkeit gegen potenziell krankmachende Anforderungen oder Situationen.

Resilienz zeigt sich im Alltag in der Fähigkeit, trotz der vielen kleinen, über den Tag verteilten Stressbelastungen, aber auch angesichts größerer Belastungen gesund zu bleiben", erklärt Michèle Wessa, Professorin für Klinische Psychologie und Neuropsychologie an der Johannes Gutenberg Universität Mainz und Gründungsmitglied des "Deutschen Resilienz-Zentrums" in Mainz.

Das gelingt offenbar immer weniger Menschen.

Von 1999 bis 2010 stieg in Deutschland laut einer AOK-Studie die Anzahl von Fehltagen aufgrund psychischer Erkrankungen um 80 Prozent und hält sich seitdem auf hohem Niveau. Die Fälle von Burn-out und Berufsunfähigkeit sind in die Höhe geschnellt. Als ein wichtiger Auslöser gilt der zunehmende Zeit- und Leistungsdruck im Arbeitsalltag. Ein Grund dürfte allerdings auch die gewachsene Sensibilität für seelische Probleme sein.

Früher, und größtenteils leider auch heute noch, wurde und wird bzw. werden nicht die Ursachen für die Stresserkrankung diagnostiziert, sondern erst die körperlichen Spätschäden wie Herzprobleme, Rückenschmerzen, Bandscheibenvorfall, Migräne oder Magengeschwür.

Und mit Nichten möchte ich hier das Vorgehen vieler Ärzte anprangern oder schlecht mach – ganz im Gegenteil. Meistens ist in deren Ausbildung der Zusammenhang zwischen Stress und den daraus resultierenden körperlichen Symptomen nicht oder nur am Rande, ein Thema. Allerdings gibt es heute bereits viele Ärzte, die sich, nicht selten in ihrer Freizeit, mit dem Prinzip der ganzheitlichen Erforschung unserer sogenannten Zivilisationskrankheiten befassen. Dafür meinen tiefsten Respekt! Ich bin froh, dass auch mein Hausarzt zu dieser Kategorie zählt.

Und in letzter Zeit tragen Wissenschaftler aus der biologischen Grundlagenforschung, Neurobiologie und Psychologie ihre viel-schichtigen Erkenntnisse zur Stressentstehung und -verarbeitung zusammen, auf deren Basis dann neuartige Trainings zur Förderung der Stressresilienz entwickelt werden sollen. Wir dürfen also gespannt und froher Hoffnung sein.

Gibt es die resiliente Persönlichkeit?

Studien zeigen, dass Resilienz offenbar auch genetisch verankert ist. So hat ein Gen, das die Ausschüttung des Glücksbotenstoffs Serotonin im Gehirn reguliert, vermutlich einen Einfluss darauf, wie leicht Menschen Schicksalsschläge wegstecken können. [38]

Wie es scheint ist der Umgang mit Stress also auch, zumindest teilweise, genetisch bedingt.

Wir sollten uns deshalb aber nicht darauf ausruhen und sagen: „Tja, ich würde ja gerne etwas dagegen tun – aber die Gene, die Gene…"

Denn erstens ist es noch nicht hundertprozentig erwiesen, dass es so ist und zweitens können wir selbst auch einen großen Teil zu unserem Stressverhalten beitragen, dies haben wir im Laufe des Buches bereits mehrfach angesprochen und kennengelernt.
Du selbst kannst, und solltest, also auch hier wieder aktiv werden und deine Resilienz und Stressverarbeitung trainieren.

Ganz wichtige Resilienzfaktoren sind Optimismus und Selbstwirksamkeitserwartung – also die Zuversicht, dass ich selbst die „Kontrolle" über eine schwierige Situation besitze- oder zumindest, dass ich mich bewusst entscheiden kann, wie ich darauf reagiere.
Wir haben darüber schon einiges gehört.

Es spielen aber nicht nur die Gene und wir selbst, sondern auch die soziale Unterstützung in unserem Umfeld eine sehr große Rolle bei unserem Stressverhalten und unserem „Stresserleben":

- Die Hilfe und Unterstützung von Familie, Freunden oder Arbeitskollegen zum Beispiel.
- Oder eine Bezugs- oder Vertrauensperson, die ein „offenes Ohr" für mich hat.
- Die zupackende Hand und generell ein freundliches Verhältnis zum Nachbarn und Menschen in meiner Umgebung.
- Das Wissen, dass du jemanden hast, auf den du dich im Notfall verlassen kannst.

Alles das stärkt unsere Resilienz im Alltag und in schwierigen Situationen – ein „Netzwerk" von Helfern und Ansprechpartnern für die verschiedensten Probleme in allen Lebenslagen.

Allein das Wissen, dass ich jemanden habe, bei dem ich mich bei Liebeskummer oder Sorgen ausweinen kann, der mich unterstützt, wenn ich Hilfe brauche, sei es beim Umzug oder beim Einkauf oder schwierigeren Dingen, jemand, der mich auch wieder „runterholt", wenn ich mich zu sehr in etwas reinsteigere und verrenne, wirkt schon beruhigend und stressmindernd.

Du kennst es sicherlich aus selbsterlebten Situationen – manche Probleme oder Ängste scheinen nicht mehr ganz so schlimm, wenn man sie aus einem anderen Blickwinkel betrachtet. Und zu diesem anderen Blickwinkel kann uns ein Gespräch mit einem anderen Menschen durchaus verhelfen, wenn wir für andere Sichtweisen, Tipps und Ratschläge offen bleiben!

Laut Michèle Wessa ist die Fähigkeit zur "Emotionsregulation" ebenfalls ein wichtiger Bestandteil der Resilienz.

Wie du sicherlich aus eigener Erfahrung kennst, ist es nicht so einfach, seine Gefühle in stressigen Situationen in den Griff zu bekommen. Wir sind darauf schon mehrfach eingegangen und haben auch schon einige Tipps, Techniken und Kniffe kenngelernt, wie man sich in stressigen Situationen wieder ein bisschen „runterholen kann".
Außer dem Versuch sich in den anderen hineinzuversetzen und seine Handlungsweise zu verstehen, gibt es aber noch einige Möglichkeiten mehr...

Viele Menschen schlucken ihren Ärger automatisch herunter. Diese Unterdrückung ist kurzfristig sehr effektiv, aber schädlich für Körper und Seele, wie zahlreiche Studien belegen. Größere Nachhaltigkeit verspricht die

Strategie der Neubewertung.

"Ich kann mir beispielsweise sagen: ‚Der Anrufer steht selbst unter Dampf. Er meint mich gar nicht persönlich'", erklärt die Professorin Michele Wessa.
Durch den Perspektivwechsel verändere sich die eigene Sichtweise, sodass die Ärger- und Stressreaktion schwächer wird oder sogar ganz verschwindet. Der Haken an der Sache: Die Neubewertung erfordert eine kognitive Höchstleistung, die im akuten Ärger längst nicht jedem gelingt.
Hier hilft oft der

Plan B

Plan B bedeutet, ich bin nicht darauf angewiesen, eine mich nervende Situation zu ertragen und mich ihr auszuliefern, sondern ich habe alternative Handlungsmöglichkeiten.
Das erhöht den „inneren Spielraum" in der Stresssituation.

Beispiel: Wenn mich die Kollegin vom Nachbarschreibtisch das nächste Mal mit einem ihrer ausgiebigen Telefongespräche stört, dann nehme ich dies als willkommenen Anlass, um meine eigene Telefonliste abzuarbeiten. Oder ich sortiere endlich meine Unterlagen oder suche mir vorübergehend einen anderen Platz, um an meiner Präsentation weiterzuarbeiten.
Am schönsten vielleicht noch – ich gönne mir in aller Ruhe einen Tee oder Kaffee in der Kantine – so kann ich abschalten, indem ich für einen kurzen Zeitraum etwas anderes sehe und tue.

Ganz wichtig: Die „Alternativen" sollten machbar sein und sollten mir möglichst auch einen Nutzen bieten.

Und damit du sie in stressigen Situationen auch Griffbereit hast, solltest du dir deine speziellen „alternativen Handlungsmöglichkeiten" in einer ruhigen Minute überlegen und aufschreiben – vielleicht ist noch Platz auf deiner Roadmap?
Oder noch besser, lege sie in deinen Schreibtisch – so hast du sie bei Bedarf immer griffbereit!

Resilienz trainieren

Resilienz kann man lernen. Trainer und Institute, die Resilienz-Trainings anbieten, gibt es diverse.
In solchen Trainings lernen die Teilnehmer unter anderem Maßnahmen zur Achtsamkeit, Stressbewältigung, Selbstwirksamkeit und Emotionsregulation – du siehst also – du liegst gar nicht so falsch damit, dich mit dem Thema Achtsamkeit, innerer Ruhe, Gelassenheit und Stressbewältigung auseinander zusetzen – denn sie alle tragen zu einer erhöhten Resilienz bei.

Wenn dir also der Weg allein zu beschwerlich ist, du dir eine weitere Meinung einholen willst, oder einfach ein paar Tipps in der Praxis kennenlernen möchtest - kannst du dir auch professionelle Hilfe holen.
Bist du eher so ein Typ wie ich - ich für meinen Teil empfinde es als erfüllender, lehrreicher und nachhaltiger, je mehr ich mich selbst in eine Sache einbringe – kannst du es auch autodidaktisch erlernen.

Aber das bleibt, wie immer, jedem selbst überlassen.

Da auch jeder Mensch von Natur aus anders gestrickt ist, finde ich es ganz wichtig und möchte es auch hier nochmal explizit betonen:

Nicht jede Methode passt auch für jeden Menschen! Was für den einen passt, muss bei dem Nächsten noch längst nicht funktionieren!

Deshalb solltest du *für dich* eine Strategie entwickeln, um mit Stress und belastenden Situationen umgehen zu lernen – eine die für dich und deine Lebensumstände passt und machbar ist.

In unserer heutigen, hektischen Gesellschaft ist es ein ganz wichtiger Baustein für ein entspannteres und gesünderes Leben, sich eine eigene und ganz persönliche, für sich funktionierende „Entspannungsroutine" zuzulegen – ich möchte schon bald sagen sie ist „überlebenswichtig". Ich möchte das hier explizit noch einmal betonen – auch auf die Gefahr hin mich zu wiederholen:
Da wir oft keinen großen Einfluss auf äußere Stressfaktoren haben, ist es in meinen Augen schon eine Pflicht sich selbst gegenüber, den Ausgleich, die Balance zwischen Stress und innerer Ruhe, Hektik und Gelassenheit, Anspannung und Entspannung mit Hilfe einer persönlichen Entspannungsroutine, zu suchen und herzustellen.

Ich lade dich herzlich ein, dich mit diesem Thema zu befassen und verschiedene Möglichkeiten auszuprobieren, denn nur weil es für andere passt - muss es nicht zwangsläufig auch für dich passen. Genauso wie du eine einzigartige Persönlichkeit, ein einzigartiger Mensch bist – genauso sollte – oder muss es vielleicht auch - deine ganz persönliche „Überlebensstrategie" sein.

Also bleibe offen für Alles, probiere möglichst viel aus, lerne neue Dinge, Techniken, Tricks und Tipps und benutze alles was funktioniert, um dein Leben neu zu gestalten, zu verwandeln und zu meistern.

Allerdings nicht um deinen Meister zu ehren (Kapitel „Das vierte Geheimnis der Schildkröte") – sondern um dich selbst zu ehren!

Denn du verdienst ein wundervolles, glückliches und entspanntes Leben!

Frage dich also jeden Morgen beim Aufstehen:
- Was kann ich heute lernen, um meinem Leben mehr Lebenswürdigkeit zu geben?
- Was kann ich tun, um ein entspannteres Leben zu führen.
- Was kann ich tun, damit ich mich selbst gesunder, fitter und ausgeglichener fühle?
- Was kann ich tun, um auch anderen Menschen ein angenehmeres Leben zu ermöglichen?
- Was kann ich tun, um die Welt, und somit auch mein Leben, ein wenig besser zu machen?

Und dann leg los!

Falls du dich erst neu mit diesem Thema beschäftigst, dieses Buch vielleicht sogar das erste ist, dass du zu diesem Thema liest und gar nicht weißt, was es alles für Techniken und Möglichkeiten gibt, möchte ich dir hier in abgespeckter Form einige Techniken und Übungen vorstellen...

Wege zur Gelassenheit

Das Ziel ist klar: loslassen, zur Ruhe kommen, auftanken.
Wie man am besten entspannt, ist Typsache.

Du brauchst vielleicht „Action" um dich zu entspannen, dann wäre Ausdauertraining, wie Joggen, Radfahren, Schwimmen oder ähnliches, vielleicht das Richtige für dich.
Ausdauersportarten eignen sich optimal als Ventile, um durch Stress angestaute Energie abzubauen.
Von Ausdauertraining zur Entspannung profitieren vor allem jene Menschen, die im Beruf überwiegend geistig gefordert sind, also zum Beispiel Büroangestellte. Wer den ganzen Tag sitzt und unter innerer Unruhe, Bewegungsdrang oder Zerschlagenheit leidet, kann durch Ausdauersport Spannungen und Stresshormone schnell wieder abbauen.
Wenn du allerdings, wie ich, schon Jahre nicht mehr richtig sportlich aktiv warst, solltest du, bevor du „voll einsteigst" dein Vorhaben mit deinem Arzt besprechen.
Denn deine sportlichen Aktivitäten sollen dir ja helfen – und nicht alles noch schlimmer machen...

Ich für meinen Teil habe die

Ruhe und Entspannung als Kraftquelle

für mich entdeckt.

Denn: *„In der Ruhe, liegt die Kraft!"*

Denn wenn du körperlich entspannt bist, sinken Muskeltonus, Pulsrate und Blutdruck, die Atmung vertieft sich.
Dieses verminderte Erregungsniveau deines Körpers wirkt sich wiederum günstig auf die Psyche aus.
Wenn du ausgeglichen bist, bist du nicht nur im Einklang mit dir selbst, sondern auch mit deiner Umwelt und mit den Menschen in deiner Umgebung.

Entspannungsmethoden geben dir eine Anleitung, wie man Stress abbauen und zur Ruhe kommen kann. Und ständiges, regelmäßiges Üben hilft dir dabei, auch in stressigen Situationen gelassen bleiben zu können.
Darüber hinaus erhöht sich deine allgemeine Stresstoleranz und Entspannungsfähigkeit. Auf diese Weise kannst du den schädlichen Folgen von Stress, wie Herz-Kreislauf-Erkrankungen, Migräne, Rückenschmerzen, Müdigkeit und Abgeschlagenheit vorbeugen.

Aber das wichtigste ist, Entspannungsübungen und -methoden können dir helfen, wieder in Balance zu kommen!
In Balance mit dir selbst, mit deiner Arbeit – in Balance mit der Welt und dem Leben.
In richtiger Balance zwischen Verspannung (Stress) und Entspannung (Gelassenheit).
Eine ausgeglichene Balance ist wichtig in unserer heutigen, oft stressigen und hektischen Umwelt.

Das erkennen wir alleine schon daran, dass sich auch Firmen und Arbeitgeber, aber auch Krankenversicherungen und Gewerkschaften mehr und mehr mit dem Themen Stress, Resilienz, Stressvermeidung, Arbeitsbedingungen, Führungsverhalten beschäftigen. Denn auch der Vorgesetzte oder schlechte oder nicht altersgerechte Arbeitsbedingungen können Stressfaktoren sein!

In vielen Unternehmen gewinnt eine optimale und Arbeitskraft schonende „Work-Life-Balance" an Bedeutung.
Denn ein sich selbst ausbeutender Mitarbeiter, der zwar in bester Absicht handelt, wird seinem Unternehmen mangels Kreativität und Leistungsfähigkeit nicht dauerhaft zur Verfügung stehen können und ist daher mit einem hohen Ausfallrisiko behaftet.[40]

Wir werden uns gleich ein paar Entspannungsmethoden anschauen und du kannst dann für dich entscheiden, welche dir am ehesten zusagt. Am Ende des Buches findest du auch noch ein paar Übungen zur Entspannung.

Kaufe dir ein entsprechendes Buch, Video oder Hörbuch. Buche einen Kurs oder vereinbare eine Probestunde, studiere im Internet oder der Bibliothek.

Und dann leg los!

Ich wünsche dir dabei viel Spaß und viel Erfolg!

Schauen wir uns jetzt, wie versprochen, ein paar Techniken kurz an...

Sanfte Bewegung und mentale Entspannung

Die fernöstlichen Trainingsformen Yoga, Tai-Chi und Qigong zielen da rauf ab, mit sanften körperlichen Übungen auch mental dem Stress zu entkommen.

Yoga
Bei Yoga denken viele Menschen an akrobatische und vielleicht auch schmerzhafte „Verrenkungen" und Akrobatik.
Aber Yoga bedeutet weit mehr als das!
Yoga bedeutet Einheit und Harmonie und kann dir nicht nur dabei helfen, deine innere Quelle von Gesundheit und Wohlbefinden wiederzuentdecken, sondern hilft dir auch, Entspannung und deine innere und äußere Balance wieder zu finden – also Stress abzubauen, zu entspannen und neue Kraft zu tanken. [41]

Qigong
Qi oder Chi – gesprochen „tschi" – in der TCM (Traditionelle Chinesische Medizin) wird so die Lebensenergie genannt.
Gong kann man mit „Arbeit" „oder ständiges Üben" übersetzen. Man könnte diese über 2.000 Jahre alte chinesische Übungsform also mit "Energie üben" oder „Energie trainieren" übersetzen.
Qigong gehört, wie Tai Chi auch, zu den meditativen Bewegungsformen und verbindet Atem- Und Körperübungen mit Übungen zur entspannten Konzentration.[42]
Fließende Bewegungen und eine ruhige Atmung helfen dir, dich schon nach kurzen, regelmäßigen Übungen vitaler und ausgeglichener zu fühlen. Zugleich umgibt Qigong eine große Würde und Gelassenheit. Die Therapie eignet sich für jedes Alter und ist üblicherweise auch ohne besondere sportliche Begabung oder Beweglichkeit zu erlernen.

Tai-Chi

Tai-Chi zählt zu den sogenannten inneren Kampfkünsten aus China und besteht aus vielen verschiedenen Stilen und Übungen. Bei der fernöstlichen Sportart bleibt jeder Körperteil ständig in Bewegung, baut sanft Spannung auf und löst sie wieder. Das soll die Lebensenergie kräftigen und die Wahrnehmung schärfen. Tai Chi zeichnet sich vor allem durch langsame Bewegungen und konzentrierter Atmung aus.

Es muss aber nicht unbedingt fernöstlich sein, obwohl sich diese Techniken seit Jahren wachsender Beliebtheit erfreuen.
Auch abendländische Übungen und Traditionen sind gut geeignet, um sich zu entspannen und wieder mehr mit sich und seinem Körper in Einklang zu kommen.

Progressive Muskelentspannung (PMR)

ist zum Beispiel eine westliche Entspannungsmethode und besonders leicht erlernbar.
Dabei wird eine Körperregion, eine Muskelgruppe, nach der anderen, angefangen bei den Füßen, über die Beine, den Po, den Rücken, die Hände bis in die Fingerspitzen und bis hin zum Nacken und Kopf, bewusst an- und anschließend wieder entspannt.
Weil die progressive Muskelentspannung, wie auch die Achtsamkeitsübungen, leicht im Alltag zu integrieren ist, praktiziere ich sie besonders gerne und häufig.
Sie helfen mir auch ganz besonders gut beim Einschlafen – wenn man mehrere Durchgänge von unten bis oben durchgeführt, macht sich eine angenehme und wohltuende Entspannung im gesamten Körper breit.
Wenn du die Methode beherrscht, kannst du sie praktisch überall in deinem Alltag anwenden.
Sei es in der U-Bahn oder im Bus auf dem Weg zur Arbeit, natürlich auch am Arbeitsplatz selbst, im Wartezimmer, wenn es mal wieder

etwas länger dauert, sogar wenn du irgendwo in der Schlange stehst – vor der Kinokasse, im Supermarkt oder irgendwo anders.

Da sie ohne großartige Vorbereitung und ohne großen Aufwand auskommt, eignet sich die progressive Muskelentspannung aber auch, und vor Allem, für Menschen, die nur wenig Zeit erübrigen können oder wollen.

Erlernen kannst du die genannten Techniken unter professioneller Anleitung oder im Selbststudium.
Sei es bei einem Kurs oder per CD.
Beim Yoga, Tai-Chi und Qigong, bei denen Bewegung und Atmung eine enge Verbindung eingehen, ist es allerdings sinnvoller einen Kursus zu besuchen oder sich ein wirkliches gutes Buch oder Trainingsvideo mit Schritt für Schritt Anleitung zu besorgen.
Wenn du deine eigene Körperwahrnehmung und deine Aufmerksamkeit – und somit auch deine Achtsamkeit verbessern möchtest, lege ich dir diese Techniken ans Herz.

Aber auch hier gilt – du musst die, für dich richtige, Methode finden.
Erzwingen hilft nicht!

Zu den mentalen Entspannungsmethoden zählen Meditation, Biofeedback und autogenes Training.
Da wir zum Thema Meditation schon einiges gehört haben, möchte ich an dieser Stelle nicht näher darauf eingehen.

Biofeedback
Biofeedback ist eine Therapiemethode zur Behandlung von psychischen und körperlichen Erkrankungen. Dabei soll der Patient lernen, unbewusst ablaufende Prozesse im eigenen Körper gezielt wahrzunehmen und zu beeinflussen wie zum Beispiel Herzrate, Blutdruck, Schweißdrüsenaktivität und sogar Hirnströme.

Die Messung der Körperfunktionen findet entweder im Krankenhaus statt oder durch tragbare Biofeedbackgeräte, die der Patient einfach mit nach Hause nehmen kann. Da das Verfahren stark auf die Mitarbeit und Körperwahrnehmung des Patienten abzielt, zählt man es zur Verhaltensmedizin.

Das Biofeedbacktraining wird bei psychosomatischen, psychischen und rein körperlichen Erkrankungen,

- Migräne
- Spannungskopfschmerz
- Chronische Rückenschmerzen
- Muskelverspannungen
- Bluthochdruck
- Harn- und Stuhlinkontinenz
- Epilepsien oder
- Stressbedingten Erkrankungen

vom Arzt als Behandlung eingesetzt [43]

Autogenes Training

Das Autogene Training wurde in den 1920er Jahren von dem Berliner Arzt J.H. Schultz entwickelt. Mit Hilfe dieser Entspannungstechnik kann man lernen, sich selbst in kurzer Zeit zur Ruhe und in einen angenehmen Zustand der Tiefenentspannung zu bringen.

Der Begriff "Autogenes Training" lässt sich aus den griechischen Worten "autos" = "selbst" und "genos" = "erzeugen" ableiten, d.h. beim Autogenen Training erzeugt man selbst etwas. Es handelt sich dabei nicht um Hokuspokus oder Zauberei, sondern die körperlichen und psychologischen Effekte sind wissenschaftlich nachgewiesen.

Schultz hatte festgestellt, dass seine Patienten während der Behandlungen in der Tiefenentspannung häufig angenehme Ruhe-, Schwere- sowie wohlige Wärmeempfindungen erlebten.

Er überlegte, ob man diese Zustände nicht auch selbst erzeugen kann. Angeregt durch diese Idee entwickelte er mit dem Autogenen

Training ein Verfahren, das bis heute zu den wirksamsten und am häufigsten eingesetzten Entspannungstechniken zählt.
Autogenes Training können Sie je Vorliebe und Übungserfahrung im Sitzen und im Liegen durchführen. Für die meisten ist in der ersten Lernphase die Liegehaltung die bevorzugte Haltung.
Als Hilfsmittel dienen Ihnen einfache Formeln und Leitsätze.
In der gängigen Grundform gibt es eine Ruhe-, eine Schwere-, eine Wärme- und eine Atemübung. Im Autogenen Training für Fortgeschrittene werden die Übungen durch weitere spezielle Organformeln (Kopf, Herz, Bauch u.a.) erweitert.

Autogenes Training beruht insbesondere auf der Erkenntnis, dass man über die Konzentration körperliche Prozesse beeinflussen kann -> Autosuggestion. In der Grundform des Autogenen Trainings lernen Sie z.B. die Muskelspannung und die Durchblutung der Haut, die mit jeder Form der Entspannung automatisch einhergehen, wahrzunehmen und über die Konzentration gezielt positiv zu beeinflussen. [44]

Autogenes Training lernen können im Prinzip die meisten Menschen.

Da ich mich aber selbst erst seit kurzem mit dem Thema beschäftige und Autogenes Training bei gesundheitlichen Problemen im Einzelfall jedoch - gerade zum selbst lernen - nicht zweckmäßig ist, kann und möchte ich hier nicht näher darauf eingehen.
Aber wir werden dieses Thema vielleicht in einem neuen Buch von mir genauer unter die Lupe nehmen.
Solltest du trotzdem gerne mit autogenem Training dein Glück versuchen wollen (so wie ich auch gerade) frage bitte vor dem Training ggf. deinen Arzt, besuche einen Kurs oder lerne Autogenes Training bei einem ausgebildeten Therapeuten!

Wenn dir jetzt der Kopf von all den Informationen über die verschiedenen Techniken, und es gibt noch viele, viele mehr, raucht – leg das Buch beiseite und mache eine Pause.

Entspanne dich, mache einen Perspektivwechsel, denke an etwas anderes und genieße.
Übrigens...

Genießen – ist auch eine Form der Entspannung

Mal einen Gang runterschalten ist für das seelische Wohlbefinden und die körperliche Gesundheit überaus wichtig. Dazu gehört auch, sich mal eine Auszeit zu nehmen und bewusst zu genießen, sich etwas gönnen, was man sich sonst nicht gönnt. Auch ohne ausgefeilte Techniken kann man sich im Alltag entspannen.
Zum Beispiel mit Massagen, Entspannungsbädern, einem Einkaufsbummel, Sauna, Spaziergängen oder einfach Nichts-tun.

Sich ab und zu belohnen schafft intensive Momente der Erholung und des Abschaltens.
Die Vorfreude auf so einen Moment kann dir deinen Tag nicht nur versüßen, sondern sie kann dich auch durch den ganzen Tag und jede noch so stressige Situation tragen.

Solche Momente sind nicht nur geeignet für begeisterungs- und genussfähige Menschen, die Augenblicke des Glücks bewusst wahrnehmen und dabei auftanken können – sondern auch wenn du nicht so sehr begeisterungs- und genussfähig bist und dich einfach mal nur entspannen willst – oder „musst".

Allerdings darfst du hier nicht vergessen - solche kleinen Auszeiten helfen nur kurzfristig und ändern leider nichts an der Lebenssituation und den konkreten Stressauslösern.

Willst du also dauerhaft ruhiger und entspannter werden, geht es in meinen Augen nicht ohne ein entsprechendes Programm und den Willen, dies auch durchzuziehen. Deshalb möchte ich dir nochmal ans Herz legen, dir eine ganz persönliche Entspannungsroutine zu zulegen.
Denn je unruhiger unsere Umwelt, unsere Welt im Außen, wird, desto wichtiger ist es, dass wir im inneren ruhiger und entspannter werden. Damit wir eben nicht immer nur gestresst und gehetzt durchs Leben rennen und daran eventuell sogar erkranken oder zerbrechen, sondern wir mit den kleinen – und mit etwas Übung – auch den großen Widrigkeiten und Veränderungen in unserem Leben gelassener und ruhiger entgegenblicken können.

Nichts desto trotz sind auch die kleinen „Zwischendurch-Entspannungen" hilfreich und wir sollten sie uns gönnen, so oft nur eben möglich.
Eine kurze Entspannung zwischendurch beseitigt zwar nicht die Ursache von Ärger, Termindruck und Kummer. Sie hilft aber, Abstand zu bekommen. Sie kann aktuelle Spannungszustände lösen und sogar chronische Verspannungen lindern.

Und was ich am allerwichtigsten finde – sie hilft uns aus unserem stressigen Alltag – wenn auch nur für eine kleine Weile – auszusteigen und unser Leben ein wenig zu „entschleunigen".
Wir gewinnen vielleicht eine neue Sicht auf bestimmte Dinge, die wir dann mit etwas mehr Abstand betrachten können.

„Abstand schafft Nähe"

Nähe zu deiner Umgebung, deiner Umwelt, deinen Mitmenschen und dir selbst.

Also gönne dir deine „zwischendurch-Entspannungen", deine „Ruhe-Inseln" im Alltag und genieße sie mit allen Sinnen.

Sei es der Sauna Besuch, ein gemütlicher Nachmittag im Café, wo man einfach nur da sitzt und die Welt und die Menschen an sich vorüber ziehen lässt.
Gönne dir ein Sonnenbad im Garten oder auf dem Balkon, geh mal wieder ins Kino oder schick essen, mit oder ohne Partner, mit einem Freund oder einer Freundin, schlaf dich mal wieder aus, mach einen Gammeltag auf der Couch, Eis essen im Sommer…

Es gibt so viele Möglichkeiten sein Leben zu genießen – nimm sie wahr, gönne dir etwas!

Wie heißt es so schön in der Lidl Werbung:

„Du bist mehr als die Aussicht auf Überstunden."

„Du bist mehr als Staubwischen und Badputzen."

„Du bist mehr als das Taxi für die Kinder."

„Du bist mehr als ein Berg voll Arbeit."

„Du bist mehr als deine 65 Stunden Woche."

Entschleunigung

Zeit zu haben heißt nicht, ziellos zu leben.
Setze Deinem Leben Ziele,
nimm dir Zeit für einen Menschen,
nimm dir Zeit für eine Idee,
nimm dir Zeit für dich!
Sonst nimmt sich die Zeit,
was ihr zusteht: Dich

Einfach mal innezuhalten, auszusteigen aus dem täglichen Lebenskarussell und einfach nur dabeizustehen und zuzuschauen wie es sich dreht und sich ganz bewusst Zeit für sich zu nehmen, ist ein weiterer Wichtiger Schritt auf deinem Weg zu einem erfüllterem, entspannterem, ruhigerem und glücklicherem Leben.

Mal „fünfe gerade…" und „den lieben Gott einen guten Mann sein lassen".
Wir haben nicht nur im vorigen Kapitel bereits gehört, dass es unterstützend und hilfreich zu unseren Übungen sein kann, einfach mal loszulassen und etwas für sich zu tun.

Wie pflege ich immer zu sagen:

„Man muss sich auch mal etwas gönnen können!"

Und nicht nur ich habe das für mich entdeckt – schon seit Jahren gibt es Menschen, die entdeckt haben, dass ein Leben, geführt in Ruhe, Langsamkeit und mit Genuss, einfach ein besseres Leben ist.

Wie sagte Klaus Engel, Vorstandschef von Evonik, so schön in einem Interview:

„Geschwindigkeit kann eine feine Sache sein. Es ist sogar möglich sich an ihr zu berauschen. Tatsächlich aber hat Geschwindigkeit für sich genommen keinen eigenen Wert. Sie ist nur ein Instrument, das dazu dient, Ziele zu erreichen – und auf die kommt es in Wahrheit an.
Bei privaten und beruflichen Entscheidungen ist die richtige Richtung, das richtige Ziel entscheidend. Wer sich auf den Weg macht, der sollte wissen, wohin er will.
Tatsächlich aber gibt es in unserer Gesellschaft den starken Trend, möglichst wenig inne zu halten, immer in Bewegung zu bleiben, auf alles und jedes sofort und unmittelbar eine Antwort liefern zu müssen. Ich halte das für bedenklich, denn wir nehmen uns damit Chancen.
Nachdenklichkeit oder sogar Muße – diese Begriffe klingen heute vielleicht etwas altmodisch und angestaubt. Doch für längerfristigen Erfolg sind sie unabdingbar. Entscheidend ist eben nicht nur, wer am schnellsten unterwegs ist, sondern auch, wer am richtigen Ziel ankommt.
Ohne Momente der Orientierung, ohne Phasen des Innehaltens und des Nachdenkens kann das auch dem besten Vordenker nicht gelingen. Wir sollten Rastlosigkeit nicht mit Effizienz verwechseln!"

Und Oliver Blume, Porsche Chef, bringt es noch deutlicher auf den Punkt: „Nur wer zur Ruhe kommen kann, entwickelt auch neue Energie. Beschleunigen ist für mich deshalb genauso wichtig wie entschleunigen!"[45]

Zeit kann ein Geschenk sein – wenn man sie sinnvoll nutzt und manchmal auch nichts tut. Am Ende des Buches findest du noch ein paar Übungen, Tipps und Tricks, Regeln und mehr für deinen Weg zu einem glücklichen, friedlichen, sinnvollen, erfüllten und achtsamen Leben und inneren Frieden.

Probier's mal mit Gemütlichkeit - Slow Life: Langsamer leben macht glücklich

Vielleicht hast du auch schon einmal den Begriff „Slow Life" gehört? Er beschreibt eine Bewegung, welche vor ca. 2 Jahrzenten in den USA entstand und sich das Langsame, genussvolle und entschleunigen Leben verschrieben hat.

„Slow Life" ist mittlerweile in viele Bereiche unseres Lebens vorgedrungen.

Beim Sport, mit langsamen, bewusst ausgeführten Bewegungen, beim Essen, mit genussvollen, ausgedehnten Essen in entspannter Atmosphäre, beim Kochen und arbeiten, ja sogar beim Sex, versuchen sich schon immer mehr Menschen darin, wieder den Dingen die Aufmerksamkeit zukommen zu lassen, die ihnen gebührt – und eben nicht alles immer „husch, husch" im Vorbeigehen oder „zwischen Tür und Angel" zu erledigen.

Ich werde in einen meiner nächsten Bücher noch ausführlicher auf dieses Thema eingehen.

Nun wirst du als aufmerksamer Leser vielleicht denken – das kenn ich doch irgendwo her?

Langsam, bewusst, aufmerksam...

Richtig! Slow Life erinnert in seinen Grundwerten, alles bewusst und voller Aufmerksamkeit auf den Moment und auf das Ereignis selber, stark an das Prinzip der Achtsamkeit – weshalb ich es hier einmal kurz vorstellen wollte.

Denn die Frage ist doch – warum sehnen sich immer mehr Menschen nach etwas mehr Ruhe? Warum ziehen wieder viele Menschen von den Städten in die kleinen ländlichen Vororte und nehmen dafür sogar längere Anfahrtswege zur Arbeit auf sich (ich übrigens auch)?

Ganz einfach – weil es sich so entspannter und somit auch gesünder leben lässt. Zumindest die Hektik und der Trubel, der in jeder größeren Stadt vorherrscht – auch abends noch – bleibt einem dann zu Hause erspart.

Hier ist der Feierabend noch Feierabend und ich kann ihn in ruhiger und entspannter Atmosphäre genießen. Kann mal abschalten und hetze nicht von dem Stress des Arbeitstages in die Hektik des städtischen Feierabends. Und auf meinem 25 Minütigem Arbeitsweg, nutze ich meine Zeit um mich in Aufmerksamkeit zu üben, indem ich bewusster auf meine Umgebung achte und sie genieße. Oder ich höre mir ein Hörbuch an. Es gibt sehr viele interessante Hörbücher zu Themen wie Motivation, Achtsamkeit, Liebe, Denken und Gedanken – so bekomme ich immer wieder neue Motivationsschübe und Denkanstöße – ich gehe dadurch auch gelassener mit vielen Dingen um.

Probier' es mal aus – am Ende des Buches wirst du einige meiner Lieblingshörbücher finden.

Für viele Menschen beginnt mit dem Aufwachen ein atemloser Spurt durch den Tag, der oft erst spät abends endet, wenn sie erschöpft ins Bett fallen.

Ob wir Geld verdienen, Kinder aufziehen, Freunden helfen, an unserer Karriere arbeiten, die Welt retten, nach einem größeren Haus, einem schnelleren Auto, einem kräftigeren Körper oder einem attraktiveren Partner streben – es scheint, als wären wir unentwegt von dem Wunsch getrieben, uns in eine bessere Zukunft zu katapultieren.

Wir tun und tun und tun – und wir sind gestresst.

Grundsätzlich spricht nichts gegen das Tun – immerhin hat die Menschheit dadurch Beeindruckendes zuwege gebracht. Wir haben Geräte erfunden, die uns mit Menschen am anderen Ende der Welt verbinden. Wir haben wundervolle Kunstwerke, ergreifende Musik und bedeutende literarische Werke geschaffen. Wir haben architektonische Meisterleistungen vollbracht. Wir haben unvorstellbare Mengen an Wissen gesammelt, mit dem sich das Wetter vorhersagen, Flugzeuge fliegen und Herztransplantationen durchführen lassen.

Vor allem die letzten 100 Jahre haben einen erstaunlichen wissenschaftlichen und technischen Fortschritt mit sich gebracht. Dank dieses Fortschritts können wir noch mehr in noch kürzerer Zeit *tun* (aber ist das wirklich ein Segen)?

Ein Klick mit der Maus, die Betätigung eines Schalters oder ein Druck auf eine Taste genügt, um Aufgaben auszuführen, für die frühere Generationen weitaus mehr Zeit benötigt haben – falls sie überhaupt zu bewältigen waren.

Leider scheint es Untersuchungen zufolge so zu sein, dass selbst alltägliche Gegenstände, die eigentlich dazu gedacht waren, Dinge schneller zu erledigen (und damit Zeit zu sparen), schließlich dazu führen, dass wir uns gestresster fühlen.

Wir nutzen Geräte in dem Versuch, mehrere Aufgaben möglichst rasch oder gleichzeitig zu erledigen und im Eiltempo gewaltige Mengen an Informationen zu verarbeiten, die aus allen Richtungen auf uns einstürzen.

„Schnelle Technik" lässt uns noch mehr hetzen.

Sie bombardiert uns mit einem so großen Angebot, dass wir nichts und niemandem mehr unsere ungeteilte Aufmerksamkeit schenken können.

Doch, was wäre, wenn ...

- all dieses Tun Teil des Problems wäre?
- es darum ginge, weniger statt mehr zu tun?
- der Zwang, uns so angestrengt um ein besseres Leben zu bemühen, mit ein Grund dafür ist, dass wir so ängstlich, gestresst und innerlich unruhig sind?

- wir keine Technik brauchten, um schneller zu sein, sondern uns selbst, um langsamer zu werden?

Könnte es sein, dass sich chronische Krankheiten lindern und Stress abbauen lassen, wenn wir weniger statt mehr tun?
Was würde geschehen, wenn wir uns entschieden, die Dinge so anzunehmen, wie sie sind, und einmal einfach nur zu sein?
Könnten wir klarer erkennen, wie sich die Welt zu einem glücklicheren Ort machen lässt, wenn wir lernten, langsamer und achtsamer zu werden? [46]

Dieser kleine Auszug aus dem *„Achtsamkeits-Manifest"* von Jonty Heaversedge & Ed Halliwell zeigt sehr schön die Kehrseite unserer heutigen Gesellschaft und auch sicherlich den einen oder anderen Grund für viele, der sogenannten Zivilisationskrankheiten, unter denen wir zu leiden haben.

Der Begriff „Manifest" stammt von dem lateinischen Verb *manifestare* und bedeutet „sichtbar werden".
Wir sind davon überzeugt, dass wir zu tiefer Weisheit gelangen, wenn wir lernen zu *sein*. Diese Weisheit kann uns den Blick dafür öffnen, wie die Dinge wirklich sind und was wir tun müssen, ohne dass es dazu irgendwelcher Programme bedarf.
Indem wir den Begriff Manifest so verstehen, verwenden wir ihn in seiner eigentlichen Bedeutung – nicht als Handlungsanweisung, sondern als Aufruf zum Sein.
Indem wir lernen zu *sein*, nehmen wir den Fuß vom Gaspedal unseres Tuns, entschleunigen uns und stellen das geistige und körperliche Gleichgewicht wieder her.

Statt verzweifelt nach einer Lösung für unsere Probleme zu suchen, lassen wir los und beginnen, einem natürlichen Wohlgefühl, einer

Wachheit und Weisheit Raum zu geben. Wir suchen nicht länger nach Antworten, sondern lassen sie zu uns kommen.
Wir geben den Kampf auf – *und* den damit verbundenen Stress. [47]

In meinen Augen ein sehr schöner Aufruf – und ich habe für mich festgestellt, dass er sehr viel Wahrheit enthält.

Ich habe angefangen mein Leben zu entschleunigen, indem ich morgens nicht mehr aus dem Bett springe und dann duschen, anziehen, mit dem Hund raus und ab zur Arbeit.

Jetzt stehe ich früher auf und genieße, dass ich mich in Ruhe fertig machen kann, mit meinem Hund Gassi gehen kann und mit meiner Frau noch eine Tasse Tee trinken kann – alles ganz in Ruhe und ohne Gehetze.
Und wenn ich dann soweit bin, fahre ich gemütlich, fröhlich und gut gelaunt – und vor allem ohne Stress - zur Arbeit.

Glaub mir, der Tag beginnt ganz anders, ich komme viel entspannter auf der Arbeit an und kann viel frischer ans Werk gehen.

Aber außer meiner morgendlichen Routine habe ich noch anderes in meinem Leben geändert.
Ich praktiziere einige der bereits erwähnten Entspannungsübungen, mache öfter etwas für mich, was mir gefällt, was mir gut tut und lasse Dinge, die mir nicht gut tun.
Ich schaue zum Beispiel weniger Fernsehen und nehme mir lieber ein Buch zur Hand oder entspanne bei einem Hörbuch in der Wanne - mit Kerzenlicht.
Gönne mir meine „Ruhe-Inseln" im Alltag, einfach indem ich mir meine „Zwischendurch-Pausen" gönne und Abschalte.
Und mit abschalten meine ich abschalten – Handy aus, Radio aus, Fernseher aus – und die Ruhe genießen.

Ich genieße die alltäglichen Dinge, die für mich, wie vielleicht auch für dich, selbstverständlich waren, mit mehr Aufmerksamkeit, mehr Bewusstsein und mehr Intensität.

Kurz, ich genieße mein Leben und ich mache mir nicht mehr so viel Stress wie früher. Garten muss noch fertig, Wäsche wartet oder der Abwasch...

Frei nach dem Motto: *„Das Geschirr kann warten. Das Leben wartet nicht!"*

Alles im Leben hat seine Zeit und wir wie im Kapitel „Mythos Multitasking" bereits gelernt haben – die Ergebnisse einer Arbeit werden auch noch besser, wenn man nach einer kleinen Pause wieder frisch ans Werk gehen kann, als wenn du etwas zwischen Tür und Angel erledigst.

Ich lade dich herzlichst ein, es mal auszuprobieren!

Versuche dein Leben wieder mit mehr Aufmerksamkeit, mit mehr Hingabe, mit mehr Ruhe zu genießen.

Nicht nur, dass du gelassener wirst, auch deine Beziehungen, sei es zu deinem Partner, deinen Freunden oder deinen Arbeitskollegen, werden eine neue „Qualität" erfahren.

Du wirst andere Gespräche führen, Gespräche, die dir und deinem Gegenüber etwas bringen, euch auf eurem Weg weiterbringen.

Nicht nur „Kaffee-Haus" Gequatsche, sondern Themen mit Tiefsinn, ernstere Gespräche und ernsthafte, wahrhaftige Gespräche – und das motiviert mich dann immer noch mehr.

Nach einem guten Gespräch fühle ich mich wieder neu aufgeladen, bin motiviert, habe oft neue Ideen und vor allem neuen Elan – vielleicht kennst du das bereits aus eigener Erfahrung.

Du wirst die Zweisamkeit mit deinem Partner intensiver erfahren – sei es beim gemeinsamen Kinobesuch, beim Essen gehen, beim

gemeinsamen Kochen, beim Frühstück, Mittag, Abendbrot, im alltäglichen Leben – und ja - sogar beim Sex.
Warum?
Weil du deinen Partner, Freund, Kollegen ganz anders wahrnehmen wirst, wenn du dich wirklich auf den Augenblick mit ihm einlässt, ihm zuhörst, auf ihn eingehst – deinem Gegenüber einfach die Zeit und Aufmerksamkeit schenkst, die er auch verdient!

Ich habe vielleicht nicht sehr viele Freunde, aber dafür erlebe ich mit ihnen unbeschreibliche, schöne und intensive Momente, wenn wir uns treffen.
Es kommt kein Gefühl auf, dass ich da jetzt hin muss – sondern ich freue mich auf jedes Treffen aus ganzem Herzen.
Meine Frau und ich genießen die Abende mit unseren Freunden immer sehr.
Ein wirklich sehr schönes Gefühl, gute Freunde zu haben, die einem wichtig sind – und denen man selbst auch wichtig ist.

Eine alte Dame hat mal gesagt:

„Man hat im Leben nur sehr wenige, wirkliche Freunde. Der Rest sind Bekannte!"

Nach der ersten Hälfte meines Lebens, kann ich ihr nur zustimmen!
Aber auch diese Erkenntnis ist nicht schlimm, ganz im Gegenteil.
Nur wenige Freunde zu haben, bedeutet nicht, dass man nicht geliebt oder gemocht wird…, sondern dass man die Menschen gefunden hat, die mit einem durch Dick und Dünn gehen!
Und das ist in meinen Augen wesentlich mehr wert, als viele Pseudo Freunde oder Bekannte, auf die man sich im Notfall aber nicht verlassen kann.
Wahre Freundschaft ist schon etwas wirklich schönes…

Freundschaft

„Der beste Weg einen Freund zu finden, ist der selbst einer zu sein." *(Ralph Waldo Emerson)*

Was einst Ralph Waldo Emerson schon über Freundschaft sagte, *scheint heute mehr denn je zu gelten.*
Nie zuvor gab es eine Zeit, die so hektisch ist wie heute. Natürlich waren die Zeiten früher anstrengend – körperlich wahrscheinlich oft mehr als heut zu Tage – wenn man allerdings zu Hause oder auf Ausflug war, konnte man die Zeit der Zweisamkeit, mit der Familie oder einfach die der Ruhe genießen und abschalten. In meiner Kindheit gab es noch keine Handys – wenn man unterwegs war, war man auch nicht erreichbar. Da warst du automatisch „immer bei der Sache", lebtest im Augenblick – es gab ja keine Ablenkung durch Laptop, Handy oder Tablet. Es gab kein „Fernseh gucken bis in die Nacht", da es nur drei Programme gab und ab 00:30 Uhr war Feierabend – da lief nur noch das Testbild.

Heute sind wir durch die ständige Erreichbarkeit per Handy, via Twitter, Whatsapp, E-Mail, SMS, so gestresst, dass wir gar keine Zeit mehr zur richtigen Entspannung haben... Denn ein Spielchen auf dem Handy oder in der Pause mal eben gucken, was auf Facebook so los ist, halten wir zwar für Entspannung – in Wirklichkeit setzt es uns aber mehr unter Druck als es uns gut tut.
Natürlich sind Whatsapp und Skype gute Möglichkeiten um mit Freunden zu kommunizieren, die nicht in unserem näheren Umfeld wohnen – aber sein wir mal ehrlich – das ersetzt keinen persönlichen Kontakt. Man kann seinen gegenüber bei der Begrüßung nicht in die Arme schließen oder bei einem traurigen Gespräch mitfühlend die Hand oder Schulter zum Anlehnen reichen.

Und ein Facebook Freund ersetzt für mich auch nicht einen
wirklichen Freund aus Fleisch und Blut, aber...

Wir alle wünschen uns gute Freunde. Und egal was du dir denken
magst, wir alle brauchen auch Freunde, oder zumindest...

- Jemand der uns zuhört,
- Jemand der uns unterstützt.
- Jemand der *da* ist, wenn es uns schlecht geht und
- Jemand der uns hilft den Weg zu finden, *wenn wir ihn verloren
  haben.*
- Jemand um die besonderen Stunden zu teilen, jemand der uns aus
  unserer Einsamkeit erlöst.
- Jemand der uns das Gefühl gibt wichtig und geliebt zu sein.

Allerdings will eine Freundschaft auch gepflegt werden.
Der aufmerksame Leser wird sich vielleicht noch daran erinnern, was
ich Eingangs im Kapitel „Was will ich, was will ich nicht!" geschrieben
habe...?
Keine Freundschaften mehr, die nur einseitig gepflegt werden...
Ich hatte selbst mal so eine Freundschaft – leider war ich derjenige,
der auf der anderen Seite – der „nicht zurück melden Seite" stand.

Vielleicht war der Grund dafür, dass die Luft bereits raus war – oder
ich mich auch da schon so geändert hatte, dass es einfach nicht mehr
passte... Ohne es zu wissen...!

Die andere Seite ist mir allerdings auch nicht fremd, weshalb die eine
oder andere Freundschaft zu Ende ging.
Einfach, weil ich mir mit meinen einstigen Freunden nicht mehr viel
zu sagen hatte.

Aber wie sagt, sinngemäß, Robert Betz, Diplom Psychologe, Redner und Coach und Autor zahlreicher Bestseller zu Themen wie Liebe, Glück, Erfolg und Selbsterkenntnis:

„Nehme an was ist, denn es ist schon da. Alles was da ist hat seine Berechtigung und seinen Sinn. Es gibt nichts Sinnloses in der Welt, auch wenn dir den Sinn nicht immer erkennen. Nehme Veränderung an – denn das Leben ist ständige Veränderung!"

Ich habe alte Freunde, aus Kindertagen oder Schulzeit, genauso wie neue Freunde. Sogar noch ein befreundetes Ehepaar, die auch schon unsere Freunde waren, wo ich noch mit meiner Ex-Frau zusammen war – ja auch das ist möglich!
Du siehst – auch das Thema Freundschaft lebt Veränderung! Manchmal können wir das bewusst steuern und manchmal passiert es einfach so...

Mit der Zeit habe ich gelernt damit umzugehen – und wenn du dich fragst, ob es vielleicht an dir liegt, ob du vielleicht ein schlechter Freund oder eine schlechte Freundin bist...
Habe ich hier ein paar Fragen, die dir eventuell helfen können es herauszufinden...

Bin ich ein Freund?

Stelle dir hierzu folgende Fragen:

1. Wenn ich in der Rolle meiner Freunde wäre, würde ich gerne Zeit mit mir verbringen?
2. Was genau tue ich, um ein guter Freund / eine gute Freundin zu sein?
3. Höre ich meinen Freunden gut und wirklich aufmerksam zu?
4. Unterstütze ich meine Freunde in deren Vorhaben?

5. Was kann ich heute für einen / mehrere Freunde tun, damit sie wissen, dass sie mir wichtig sind?
Es gilt also auch beim Thema Freundschaft wieder, sich selbst zu erkennen und sich und sein Verhalten zu reflektieren.

Probier'' es aus – so lernst du nicht nur dich, sondern auch deine Freunde noch besser kennen.

Diese Fragen können übrigens auch sehr hilfreich sein, wenn es gerade ein bisschen in deiner Beziehung kriselt oder nicht mehr so gut läuft.
Überleg dir einfach mal mit Hilfe der Fragen, ob du ein guter Partner / eine gute Patnerin bist.

Auch können sie dir helfen, wenn du dich fragst, wie kann ich ein noch besserer Freund, ein noch besserer Partner, ein noch wertvollerer Mensch für mich und meine Umwelt, meine Mitmenschen werden.

Und wenn du genügend Mut hast und es ganz genau wissen willst – dann frag einfach deine Freunde beim nächsten Treffen einmal, was sie zu diesem Thema für eine Meinung haben.
Frag sie oder auch deinen Partner, was gefällt dir an mir, was eventuell nicht so sehr? Und wie kannst du dein Verhalten gegebenenfalls ändern – aber stelle diese Fragen nur, wenn du auch wirklich dazu bereit bist und es ehrlich meinst.
Und du auch mit einer, zwar ehrlichen, aber unangenehmen Antwort leben kannst.

Das Ende

„Ich bin noch nicht da, wo ich sein sollte. Doch zum Glück bin ich auch nicht mehr dort, wo ich mal war. Aber ich bin auf dem Weg... und jeden Tag geht´s weiter" Yaser Youssef

Zum Schluss möchte ich mich ganz herzlich bei dir Bedanken, dass du mir deine Zeit geschenkt und mich ein Stück meines Weges begleitet hast und ich dich ein Stück begleiten durfte – wenn auch nicht persönlich.

Ich hoffe, du konntest aus den Erzählungen, Geschichten, Tipps und Übungen für dich etwas mitnehmen und hast vielleicht auch ein paar neue Einsichten und Erkenntnisse gewonnen.

Es würde mich freuen, wenn ich dir ein paar neue Anregungen, Denkanstöße, Tipps oder Übungen näherbringen, wenn ich dir einen kleinen Schupps in eine neue, aufregende, tolle und erfahrenswerte Richtung geben und dich inspirieren konnte, dein Leben wieder mehr selbst in die eigenen Hände zu nehmen und deinen eigenen Weg im Leben zu finden oder wieder neu zu entdecken!

Ich möchte dich von ganzem Herzen einladen, mal eine Zwischenbilanz zu ziehen, dich mit dir selbst auseinander zu setzen und zu fragen: „Bin ich glücklich? Ist das das Leben, welches ich immer führen wollte?"

Oder ob es da eventuell noch mehr gibt, als das was bisher war.

Ich werde auf jeden Fall weiter an mir arbeiten.

Mich Weiterbilden, Übungen praktizieren, sehen was es Neues gibt, mit offenen Augen durch die Welt gehen.

Mich mehr mit mir und meinen Mitmenschen beschäftigen, mich an den schönen Dingen im Leben erfreuen und versuchen, mich nicht allzu lange an nicht so erfreulichen Dingen zu ärgern.

Denn mit jeder Stunde, dich du dich ärgerst, verschwendest du 60 schöne Minuten deines Lebens.

Ich werde weiter auf meinen Pfad des Erwachens, auf meinem eigenen Weg wandern und mich über jeden Menschen freuen, der mich ein Stück des Weges begleiten möchte.

Ich werde mir weiterhin ein Leben aufbauen, von dem ich mich nicht im Urlaub erholen muss und auf das ich am Ende aller Tage mit einem Lächeln zurückblicken kann.

Das ist mein größtes Lebensziel, denn Reichtümer, Titel, Besitz – all das können wir nicht mitnehmen.
Und Wut, Hass, Groll und Unzufriedenheit – all das möchte ich nicht mitnehmen.
Ich will mit einem Lächeln und der Gewissheit gehen:

"But more, much more than this – I did it my Way! "
Frank Sinatra

Aber vor Allem tat ich es, wie ich es wollte!

Auf meinem letzten Lager will ich nichts bereuen, wie es so viele Menschen tun, und sagen müssen:

1. „Ich wünschte, ich hätte den Mut gehabt, mein eigenes Leben zu leben."
2. „Ich wünschte, ich hätte weniger gearbeitet und mich mehr um meine Familie gekümmert."
3. „Ich wünschte, ich hätte den Mut gehabt, meine Gefühle auszudrücken."
4. „Ich wünschte, ich hätte den Kontakt zu meinen Freunden besser gehalten."

5. „Ich wünschte, ich hätte mir selbst erlaubt, öfter glücklich zu sein und das Leben zu genießen."

Denn...

Ich habe die Macht und die Möglichkeit, mein Leben selbst zu gestalten.
Ich kann mit entscheiden, wie ich mein Leben leben und auf meine Umwelt reagieren kann.
Ich kann mich für ein aktives oder für ein re-aktives Leben entscheiden.
Ich kann mich entscheiden, ob ich eine Muschel sein will oder ein Adler!

Und das alles kann nur ich!

Viel Spaß mit deinem neuen Leben und den Übungen im Anhang und vielleicht begegnen wir uns nochmal wieder – auf dem einen oder anderen Weg!

Übungen, Tipps und Tricks, Regeln

und mehr für deinen Weg zu einem glücklichen, friedlichen, sinnvollen, erfüllten und achtsamen Leben. Für Gelassenheit, die richtige Balance, stressfreie Zeiten, Ruhe und inneren Frieden.

Die Praxis der Achtsamkeit

Nach dem wir nun so viel über die verschiedensten Themen gelesen haben, möchte ich dir hier noch einige Achtsamkeitsübungen vorstellen, die wir ganz einfach in unseren Alltag mit einbinden können.
Und die uns helfen, achtsamer mit uns, unserer Umwelt und unseren Mitmenschen umzugehen, ganz einfach, indem sie uns helfen uns zu sammeln und uns auf uns selbst und unsere Umwelt zu besinnen.
Den alltäglichen, selbstverständlichen Dingen wieder den Wert einzuräumen, der ihnen zusteht.

Essmeditation

Versuche beim nächsten Mal, wenn du etwas isst, deinem Essen die Aufmerksamkeit zu schenken die es verdient.
Schließlich hält es deinen ganzen Körper in Bewegung und dich somit am Leben.
Bevor du also dein Essen einfach nur in dich hineinstopfst (die Arbeitet wartet ja schließlich) versuche es mit allen Sinnen wahrzunehmen und zu genießen!
Nicht nur, dass du dadurch das Erlebnis Essen ganz neu erfahren wirst – wer langsamer und achtsamer isst – isst auch weniger!
Du kennst sich der den Spruch „Das Auge isst" mit !?!

Es bedeutet nicht nur, dass das Essen möglichst schön angerichtet ist und gut aussieht, sondern in erster Linie, dass wir uns unser Essen ganz genau ansehen und uns bewusst machen, was wir da überhaupt essen.

Lass dein Handy aus und leg dein Buch oder die Zeitung beiseite – konzentriere dich ganz und gar auf dein Essen.

Wie sieht es aus? – Genieße die verschiedenen Farben deines Essens. Das schöne Rot der Tomate oder das Gelb der Paprika. Das schöne satte Grün von Salat. Oder auch das kräftige schwarz Deines Lieblingskaffees.

Bevor du anfängst zu essen – frage dich:
Wie riecht mein essen? – Nimm den Geruch bewusst auf! Was löst er in dir aus? Appetit? Hunger? Glück? Vorfreude?

Und wenn du dann die Gabel oder den Löffel oder die Tasse zum Mund führst – wie fühlt sich das in deinem Körper an?
Läuft dir schon das Wasser im Munde zusammen?
Bis du gespannt, wie das essen wohl schmeckt? Ist es süß, sauer, salzig – was denkst du?

Und wenn du es dann endlich im Mund hast – wie fühlt es sich an?
Wie ist die Konsistenz? Fest, weich, hart, flüssig?
Wie fühlt es sich auf deiner Zunge an? Und wie an deinen Zähnen, wenn du es kaust?
Wann spürst du das erste Mal den Reflex, das gekaute runterschlucken zu wollen?
Und schlussendlich kannst du dann dem Essen auch noch gedanklich nachfolgen, wenn es nach dem runterschlucken auf seinem Weg in den Magen, die Speiseröhre passiert.

Body Scan

Bei dieser Übung geht es darum, deinen Körper wieder mehr zu spüren und besser kennenzulernen – also dein Körpergefühl zu verbessern.

Dafür sucht man sich am besten einen ruhigen Raum.

Du kannst diese Übung im Sitzen oder auch im Liegen durchführen. Wenn du allerdings ein Mensch bist, der schnell einschläft, sobald er in die Waagerechte geht, solltest du es im Sitzen probieren. Fange auch hier wieder mit einer kleinen Atemübung an, indem du dich für ein bis zwei Minuten ganz bewusst auf deine Atmung konzentrierst. Wenn du dich entsprechend gesammelt hast, kannst du anfangen deinen Körper zu „scannen".

Fange bei den Füßen an und arbeite dich Schritt für Schritt bis nach oben in den Kopf vor.

Prüfe jede Körperregion und versuche zu erforschen, wie sie sich anfühlt - ist sie angespannt, tut sie weh?

Nehme das Gefühl bewusst wahr und lass es dann los und gehe zur nächsten Region – die ganze Übung sollte nur etwa drei bis fünf Minuten dauern.

Wenn du im Kopf angekommen bist, beende diese Übung, indem du dich wieder ein bis zwei Minuten ganz auf deinen Atem konzentrierst.

Achtsame Routinehandlungen

Dies ist eine meiner Lieblingsübungen, da sie überall und jederzeit anwendbar ist.

Hierbei geht es darum, sich eine alltägliche Routine, wie Zähneputzen, anziehen, frühstücken oder duschen auszuwählen und diese ganz bewusst durchzuführen und wahrzunehmen.

Ich mache das zum Beispiel beim Zähneputzen.

Wie fühlt sich die Zahnbürste an? Ist der Stiel hart? Hat er Struktur? Wenn ja welche? Wie fühlt sich die Zahnpasta Tube an? Wie fühlt sich die Zahnbürste an den Zähnen an? Spürst du den Druck der Zahnbürste an den Zähnen und dem Zahnfleisch? Wie schmeckt die Zahnpasta? Ist sie scharf? Erfrischt sie?
Wie fühlen sich deine Zähne nach dem Putzen an? Sind sie glatt? Sehen sie schön weiß aus?

Diese Übungen finde ich deswegen so toll, weil man sie mit allem praktizieren kann, was man so täglich macht.
Das schärft nicht nur den Sinn für Details, sondern bringt uns auch unserem Leben wieder ein bisschen näher und wir lernen, auch alltägliche Dinge wieder mit mehr Aufmerksamkeit, Dankbarkeit und mit weniger Selbstverständlichkeit wahrzunehmen.

Dankbarkeit

Übe dich in Dankbarkeit und praktiziere, fühle und lebe sie!
Dankbarkeit kann nicht nur Sorgen, Ängste und Nöte vertreiben, sie hilft uns auch dabei, wieder zu erkennen, dass ein schönes Leben nicht bedeuten muss alles haben zu können was man will, sondern mit dem zufrieden und für das Dankbar zu sein, was man hat.
Jeden Morgen wenn ich aufwache, nehme ich mir ein paar Minuten Zeit und überlege, für welche Dinge ich heute dankbar sein möchte.

- Dankbar dafür, dass ich einen neuen Tag erleben darf.
- Dankbar dafür, dass ich gesund bin.
- Dankbar dafür, dass ich ein Dach über dem Kopf habe.
- Dankbar dafür, dass ich eine tolle Frau und tolle Kinder habe.
- Dankbar dafür, dass ich heute wieder allerlei Erfahrungen machen und neue Dinge lernen darf.
- Dankbar dafür, dass ich Arbeit, genug zu essen habe und es mir gut geht.

Natürlich gibt es noch viel, viel mehr Dinge für die du dankbar sein kannst!

Forsche selbst, wofür du Dankbar bist!

Du kannst dir auch ein kleines, schönes Notizbuch kaufen und dort alle Dinge eintragen für die du Dankbar bist, die dich erfreuen und die dich glücklich machen!

So kannst du von Zeit zu Zeit oder bei Bedarf immer mal wieder hineinschauen.

Unterwegs mit der Kamera

Der Grund, warum berühmte Fotografen so erfolgreich sind, liegt nicht nur daran, dass sie die Technik perfekt beherrschen, sondern zu einem großen Teil auch daran, dass sie gelernt haben in dem Gewöhnlichen das Ungewöhnliche zu erkennen. Sie erkennen das besondere an einer, für andere Menschen normalen, banalen Situation – sie sind achtsam in dem was sie tun!

Der Fotoapparat oder auch die Kamera deines Smartphone können dir helfen, Achtsamkeit zu üben.

Wenn du das nächste Mal im Wald spazieren gehst, einen Einkaufsbummel durch die Stadt machst oder dich einfach irgendwo in ein Café mit schönem Ausblick setzt – betrachte die Umgebung mal ganz bewusst und mit wachen Augen – und halte interessante Bilder, Eindrücke und Details mit der Kamera fest.

Beobachte dabei den Wechsel von Licht und Schatten, ändere vielleicht auch mal den Blickwinkel – ändere die Perspektive. Spiele ein wenig mit den Möglichkeiten herum.

Dazu passt übrigens auch sehr schön die nächste Übung.

Perspektive ändern

Unsere gewohnte Umgebung und unser alltägliches Umfeld nehmen wir meist schon gar nicht mehr bewusst wahr, weil es uns hinreichend bekannt ist – denken wir zumindest. Du wirst allerdings feststellen, dass du durch Änderung der Perspektive ganz andere Facetten an vermeintlich bekannten Dingen wahrnehmen kannst. Altbekanntes von einer neuen Perspektive zu betrachten, kann schon gelingen, indem wir uns in eine andere Person hineinversetzen oder einen andere Sichtweise, einen anderen „Sichtwinkel" einnehmen. Versuchen dazu einmal deine Umgebung und dein Umfeld aus der Perspektive eines kleinen Kindes zu sehen. Oder stelle dir vor, wie deine Umgebung aus der Vogelperspektive aussehen würde. Vielleicht fallen dir noch andere Perspektiven ein. [48]

Übungen zur Entspannung

Aufrechtes Sitzen

Setze dich aufrecht hin. Halte die Arme waagerecht auf Schulterhöhe und führe sie möglichst weit zurück. Behalte diese Stellung 20 Sekunden bei. Wiederhole diese Übung zwei- bis dreimal pro Tag. Das löst Verspannungen im Schulter und Nackenbereich.

Anti-Stress-Atmung

Anspannung kannst du einfach weg atmen:
Setz dich aufrecht hin. Dein Rücken ist kurz vor, aber frei von der Stuhllehne.
Zähle nun bei jedem Atemzug in Gedanken rückwärts mit.
10 – 9 – 8....
Bei Bedarf wiederhole diese kleine Übung zwei- dreimal und du wirst dich schon viel besser und entspannter fühlen.

Tipp:
Du musst eventuell etwas trainieren, bis diese Übung für dich ihre volle Entspannung zeigt.
Dann aber profitierst du davon fast auf Knopfdruck. Sobald du deine automatische Reaktion auf das Rückwärtszählen verankert hast, reicht es auch, wenn du nur von 5 rückwärts bis 0 zählst.

Pause gönnen

Wenn möglich, gönne dir eine schöne Tasse Tee in der Kantine. Genussvoll einen Tee trinken wirkt entspannend und beruhigend. Du kannst dir so dein eigenes Entspannungsritual erschaffen.

Der Blick in die Ferne

Durch die Arbeit am Computer ist der Blick ständig auf den Bildschirm fokussiert. Wende deinen Blick regelmäßig weg vom Bildschirm Richtung Fenster und suche dir einen Punkt in der Ferne. Was ist das Weiteste, das du mit bloßem Auge erkennen kannst? Wandere mit den Augen den Horizont entlang. Das wirkt beruhigend und entspannt auch die Augen.

Bewegung tut gut

Vor allem dann, wenn du den ganzen Tag sitzend am Schreibtisch verbringst. Ich habe das große Glück, dass mein Schreibtisch höhenverstellbar ist – ich kann also auch mal zwischendurch im Stehen arbeiten.
Hast du diesen Luxus nicht steh immer mal wieder auf, und sei es nur für ein kurzes Schwätzchen mit der Kollegin bzw. dem Kollegen im Nachbarbüro. Ein wenig plaudern hilft dabei, den Kopf wieder freizubekommen. Das ist dann der Entspannungseffekt.
Oder nutze deine Mittagspause für einen kleinen Spaziergang an der frischen Luft – 10 Minuten reichen meistens schon, um sich

entspannter und frischer zu fühlen. Ein paar Arbeitskollegen von mir machen das schon.

Düfte entspannen

Bestimmte Düfte können erheblich zur Entspannung beitragen. Dazu ein paar Tropfen ätherisches Öl (z. B. Lavendel, Eukalyptus, Vanille) auf ein Taschentuch und dann ein paar tiefe Atemzüge mit dem Taschentuch vor der Nase.
Du kennst das vielleicht mit japanischem Heilöl – wenn du erkältet bist.
Natürlich kannst du dir auch eine Duft-Öl-Lampe oder Räucherstäbchen ins Zimmer stellen.
Mittlerweile gibt es ja auch schon Raumluftbefeuchter mit Duft – sogar als USB Stick!
Bevor du das allerdings mit ins Büro nimmst, würde ich vorher klären, ob es auch erlaubt bzw. deine Kollegen auch damit einverstanden sind.

Die Blitz-Entspannung

Spanne alle Muskeln deines Körpers an und halte die Luft an. Zähle innerlich bis fünf und löse dann alle Anspannungen in deinem Körper, indem du kraftvoll wieder ausatmest.
Du kannst die Übungen zwei- dreimal wiederholen, dann ist der Effekt noch größer!

Shiatsu to go

Diese Übung ist gut geeignet für Menschen, die wenig Zeit haben.
Lege deinen linken Mittelfinger zwischen Daumen und Zeigefinger der rechten Hand (oben Zeigefinger, unten Daumen).
Die beiden Finger der rechten Hand massieren nun den unteren Rand des Mittelfingernagels.
Zähle in Gedanken bis 15 und Wechsel dann die Hände.

Auch bei dieser Übung gilt, mehrere Wiederholungen steigern den Effekt.

Das gekünstelte Lächeln

Diese Übung ist ähnlich wie „Eine kleine morgendliche Übung", die du bereits weiter vorne im Buch kennengelernt hast.
Ich weiß, in stressigen Situationen oder wenn du angespannt bist, ist einem nicht nach Lächeln zu Mute – aber gerade dann ist es umso wichtiger.
Denn beim Lächeln kommt es zu einem biologischen Effekt. Dabei drückt der Gesichtsmuskel zwischen Wange und Auge genau auf den Nerv, der unserem Gehirn eine fröhliche
Stimmung signalisiert.
Je mehr du dich um ein Lächeln bemühst, also je mehr du deine Mundwinkel hochziehst, desto intensiver ist der Druck auf den Nerv und somit die Wirkung. Versuch es, wenn du das nächste Mal Stress hast oder Verspannt bist – nur für dich selbst. Du wirst sehen, dass du gleich viel fröhlicher wirst.
Ich lade dich herzlichst ein es zu probieren - auch wenn es nur ein schiefes oder gekünsteltes Lächeln wird.

Nacken wärmen

Du hattest mal wieder einen stressigen Arbeitstag und fühlst dich verspannt und kaputt? Möchtest eigentlich nur deine Ruhe?
Wenn es mir so geht, wirkt es wahre Wunder, wenn ich mich kurz, vielleicht 15 – 20 Minuten, mit eine Wärmflasche oder einem Wärmekissen im Nacken hinlege (ich lege mich immer auf den Fußboden, weil man dort am geradesten liegt).
Schließe dabei deine Augen und fühle, wie sich die Wärme vom Nacken auf den ganzen Körper ausbreitet.
Die Verspannungen verschwinden und der Stress des Tages ist wie weggeblasen.

Recken und Strecken

Wenn die Muskulatur sich verspannt und nicht mehr locker lassen möchte, ist diese Übung genau das Richtige.

Stelle dich einfach gerade, aufrecht hin und Recke dich und Strecke dich. Solange bis jeder Muskel wieder schön gedehnt und entspannt ist. Übrigens auch eine sehr gute Übung für zwischendurch.

Traumreise

Diese Entspannungsübung eignet sich vor allem zum Krafttanken für den neuen Tag.

Zu dieser Übung legst du dich bequem hin und schließt deine Augen. In Gedanken reist du nun an einen Ort, den du mit Ruhe, Entspannung, Wohlfühlen und glücklich sein verbindest.

Das kann ein Ort aus deiner Kindheit sein, wo du dich immer versteckt hast, wenn du alleine sein wolltest. Das kann aber auch ein Ort aus dem letzten Urlaub sein – alles was dir dazu einfällt.

Wähle deinen Ort aus und fange in Gedanken an, an diesen Ort zu reisen. Begehe diesen Ort, nehme alle Eindrücke und positiven Gefühle auf, an die du dich erinnerst. Verweile so lange an dem Ort wie du möchtest.

Mit dem Wort "Heimkehr!" öffnest du die Augen und bist wieder in deinem gewohnten Umfeld.

Durch die vielen guten Eindrücke und Gefühle bist wieder fit und gestärkt für einen anstrengenden Tag.

Es muss nicht unbedingt ein Ort aus deiner Vergangenheit oder deinem Leben sein. Du kannst dir auch deinen ganz eigenen, fiktiven Ort – eine einsame Insel, einen schönen Strand, Berge mit einer einsamen Hütte – erschaffen und dort hinreisen.

Übrigens: Mit ein bisschen Übung, funktioniert diese Traumreise auch schon, wenn du sie nur kurz, für ca. 10 Minuten, in der Mittagspause durchführst. Dann kannst du auch einfach zwischendurch im Sitzen verreisen und dich entspannen!

Du kennst vielleicht das Lied „Bungalow in Santa Nirgendwo" von IBO?
Wie ich finde, ein Lied, das richtig gute Laune macht:

„… und in den Büros geht der Stress erst los, der Boss macht mir das Leben schwer.
Dann schließ ich die Augen und mach erst mal Pause und träum vom eigenen Haus am blauen Meer.
Ich hab´ ´nen Bungalow in Santa Nirgendwo, mit Palmenstrand und Sonne vor der Tür.
Da lieg ich stundenlang und amüsier` mich dann…, die Frau von meinem Chef liegt neben mir.
Ich hab´ ´nen Bungalow in Santa Nirgendwo, da flieg ich jede Frühstückspause hin und lass mich verwöhnen von den Inselschönen, bis ich wieder hier zurück am Schreibtisch bin!"

Na wenn das nicht entspannt – dann weiß ich nicht …

Atemzüge zählen

Der Atemtechnik-Klassiker:
Zähle beim Ein- und Ausatmen die Atemzüge im Geiste mit.
Atme in den Bauch hinein – einatmen durch die Nase und ausatmen durch den Mund.
Zur Unterstützung kannst du deine Hand auf deinen Bauch legen, so kannst du die Atmung besser spüren, indem du das Heben und Senken deines Bauches beim Atmen spürst.

Kurz rein – lang raus

Bei dieser Übung geht es darum, den Atem langsam und bewusst wieder aus dem Körper zu entlassen.
Atme ungefähr doppelt so lange aus, wie du einatmest – wenn du magst, und zu Anfang hilft es dir auch, kannst du hier in Gedanken die Sekunden beim Ein- und Ausatmen mitzählen. Mit ein bisschen

Übung wirst du merken – bewusst langsames Ausatmen entspannt ungemein.

Der Entspannungsbaum

In der Natur fällt es besonders leicht, seine Akkus wieder aufzuladen.

Suche dir für diese Entspannungsübung ein angenehmes Plätzchen unter einem schattenspendenden Baum.
Suche dir deinen Baum! Wo du dich wohlfühlst!
In der Stadt ist es nicht ganz so einfach. Aber auch dort gibt es in der Regel Parks, wo man sich auf einer Decke unter einen Baum setzen kann. Mache es dir darunter gemütlich, schließe die Augen, spüre die Sonnenstrahlen, welche durch die Blätter blitzen, lausche dem Rascheln der Blätter und hänge schönen Gedanken nach.
Mache es dir zum Ritual: Immer wenn du Entspannung und neue Energien brauchst, suchst du deinem Baum auf.
Mit der Zeit und etwas Übung wirst du merken, dass in Stresszeiten nur der Gedanke an deinen Baum angenehme und damit stressabbauende Gedanken in dir hochkommen lässt.

Probiere es aus – ich wünsche dir erholsame stunden unter deinem Baum!

Der böse Brief

Ein Streit oder der Ärger über eine Person kann auch ein Stressauslöser sein. Ein wirkungsvolles Mittel, den Ärger abzubauen, besteht darin, einen Brief an die Person zu schreiben.
Bringe deinen Ärger zu Papier. Verwende ruhig alle Schimpfwörter, Beleidigung die dir einfallen. Schreibe alles auf, was du dieser Person schon immer mal sagen wolltest – schreibe einen wirklich bösen Brief.
Stecke ihn dann in einen Briefumschlag.
Aber bitte nicht abschicken und möglichst gut verstecken.

Am besten noch - in den Schredder damit – und die unguten Gefühle und die Wut und die schlechte Laune gleich mit!

Das Schreiben ist ein befreiendes Gefühl. Der Ärger wird vielleicht nicht ganz verschwinden, aber auf ein Minimum reduziert und du kannst wieder ein bisschen entspannen und runterkommen.

Ein weiterer Vorteil beim Schreiben besteht darin, dass man ein bisschen Abstand zum Problem gewinnt. Dadurch fallen einem oft Lösungen ein oder man sieht das Problem von einer anderen, eventuell sogar positiveren Seite.

Der Seelen – Regen - Stein

Regen ist nicht nur schlecht, sondern er reinigt auch (genauso wie Tränen) und klärt ungeordnete Verhältnisse.

Für diese Übung stelle dir bitte einen wunderschönen Stein vor, der für dein Inneres steht.

Leider ist dieser Stein verschmutzt mit Sorgen, Kummer, Ängsten, Nöten, schlechten Gedanken und Stress.

Lasse nun in Gedanken einen Regenguss genau über deinen Stein entstehen. Zuerst wenige Tropfen, dann immer mehr.

Mit jedem Tropfen werden die üblen Verschmutzungen wege-waschen und schließlich erstrahlt der Stein in altem, oder sogar neuem, Glanz und voller Schönheit und Reinheit.

Genieße den Anblick deines Seelensteins und erfreue dich daran, dass er wieder rein und glänzend ist.

Kritzelstunde

Das ist keine Entspannungsübung im klassischen Sinne.

Und schon gar nicht geht es hier um die Schaffung großer Kunstwerke! Ganz und gar nicht!

Hier geht es wieder nur um deine Entspannung – die nicht immer mit großen oder aufwendigen Methoden einhergehen muss. Auch mit kleinen Übungen kannst du dich entspannen – denn oft sind es die Kleinigkeiten im Leben, die zählen!

Nimm dir auf der Arbeit einmal fünf Minuten Zeit – möglichst ohne dass dein Chef oder Vorgesetzter in der Nähe ist. Nimm dir ein Blatt Papier und fang an, Strichmännchen zu zeichnen. Mit Kreisen oder Unendlich Zeichen geht es genauso gut. Und denke daran – es geht nicht darum etwas künstlerisch Wertvolles zu erschaffen!
Du wirst schnell merken, gerade dieses Weglassen jedes Leistungsanspruches und diese an sich monotone Tätigkeit führen zum Entspannungseffekt. Deine Gedanken beruhigen sich.
Und so banal diese Tätigkeit auch erscheinen mag, es lässt sich wunderbar dabei entspannen. [49]

Wie immer gilt - finde deine, für dich passenden, Relaxing - Übungen und genieße deine stressfreien, ruhigen Momente.
Sorge für eine Balance zwischen Anspannung und Entspannung, auch – und vor allem - in deinen Arbeitsalltag.

Und natürlich ganz wichtig: Mach deine Übungen regelmäßig – alles was wir regelmäßig tun, geht uns in Fleisch und Blut über.
Nach ein paar Wochen wird es zur Routine und irgendwann, willst und kannst du gar nicht mehr ohne deine täglichen Übungen sein.
Und mit jeder Übung und jeder Wiederholung wirst du merken, wie es dir mit der Zeit besser geht und du entspannter wirst.
Solltest du Probleme haben, Zeit für deine Übungen zu finden oder einfach vergisst, dass du sie machen wolltest – mache dir Termine – ins Handy oder deinen Kalender auf der Arbeit.

Ich habe zum Beispiel eine Erinnerung für „Wasser trinken" und „Tisch hochfahren" in meinem Kalender – so werde ich in hektischen Momenten, wo ich nicht selbst daran denke, ganz einfach daran erinnert!
Ich habe immer eine Karaffe mit Wasser auf meinem Schreibtisch stehen aber oft fühlen ich mich nicht durstig – weil ich mich gar nicht fühle!

Dann bin ich so in meine Arbeit vertieft und vergesse einfach, etwas zu trinken – aber mein Kalender vergisst nie!

Ich kann es dir nur empfehlen –mir hilft es ganz wunderbar.

Selbstreflexion

Drei Übungen zur Selbstreflektion

1. Der Spiegel-Test
Würdest du die Person, die du im Spiegel siehst, gerne
kennenlernen?

2. Der Sterbebett-Test
Was würdest du auf deinem Sterbebett bereuen, nicht getan zu
haben?

3. Der Freunde-Test
Was würden die Menschen, die dich am besten kennen, über dich
sagen?

5 Dinge

Mit denen du sofort aufhören solltest:

1. Jedem gefallen wollen.
Wenn du es immer jedem recht machen willst, wirst du immer einen
vergessen – dich selbst

2. Vergangenes festhalten.
Du kannst kein neues Kapitel in deinem Leben beginnen, wenn du
nicht das alte beendet hast.

3. Veränderung fürchten und ablehnen.
Begrüße jede Veränderung – sie ist auf die Chance auf etwas
Besseres

4. Sich Sorgen machen.
Wer sich Sorgen macht, der gibt den Sorgen Macht!
Bedenke: Keine Situation ist dauerhaft.

5. Auf den perfekten Moment warten.
Der perfekte Moment ist jetzt – verschiebe dich nicht auf später!

THINK

Before you speak THINK (Bevor du sprichst, denke nach)

T – Is it true? (Ist es wahr?)

H – Is it helpful? (Ist es hilfreich?)

I – Is it inspiring? (Ist es inspirierend?)

N – Is it necessary? (Ist es notwendig?)

K – Is it kind? (Ist es freundlich?)

Wenn eines oder sogar mehrere dieser Kriterien zutreffen, denn frage dich, ob es nicht vielleicht klüger und besser ist, nichts zu sagen.

Dies ist, wie ich finde, keine so leichte Übung, wie es sich vielleicht anhört. Denn wenn wir wütend, traurig, enttäuscht oder gestresst sind, ist es schwierig, in Gedanken erst einmal „THINK" durchzugehen und dann zu entscheiden, ob und was wir sagen.

Bei mir klappt es auch nicht immer – aber ich versuche so oft wie möglich „THINK" zu antworten. Und wie immer hilft hier nur üben, üben, üben.
Denn...

„Die Übung macht den Meister!"

Dinge, die das Leben besser machen

Nimm dir Zeit, für ein gesundes Frühstück
Schenke anderen ein Lächeln
Mach Pausen und nimm dir Zeit für dich
Lobe jemanden für seine Arbeit
Versuche etwas Neues zu lernen
Nimm dir Zeit für Familie und Freunde
Sammle schöne Erinnerungen
Notiere deine Erfolge und feiere sie
Lebe hier und jetzt
Mache Frieden mit deiner Vergangenheit
Was andere über dich denken ist unwichtig
Vergleiche dein Leben nicht mit anderen
Gib deine Verantwortung nicht ab

Diät machen

Verzichte auf

- Menschen, die dir nicht gut tun
- Dinge, die dir dein Lächeln rauben
- Dinge, die dir den Schlaf rauben
- Dinge, die dich traurig machen
- Negative Gedanken
- Ungesundes Essen

Zunehmen wird

Deine Lebensqualität

Weniger ist mehr

Hasse weniger – liebe mehr,
Sorge weniger – tanze mehr,
Nehme weniger – gebe mehr,
Trauere weniger – lächle mehr,
Spreche weniger – höre mehr zu,
Fürchte weniger – versuche mehr,
Urteile weniger – akzeptiere mehr,
Sieh weniger zu – handle mehr,
Meckere weniger – schätze mehr,
Arbeite weniger – genieße mehr.

Literaturtipps

Master Han Shan - Wer loslässt hat zwei Hände frei – Mein weg vom Manager zum Mönch

Brahm, Ajahn – Der Elefant, der das Glück vergaß – Buddhistische Geschichten um Freude in jedem Augenblick zu finden.

Brahm, Ajahn – Die Kuh die weinte

Chabris, Christopher – Der unsichtbare Gorilla: Wie unser Gehirn sich täuschen lässt

Diamond, Jared - Der Dritte Schimpanse: Evolution und Zukunft des Menschen

Hitchens, Christopher – Der Herr ist kein Hirte: Wie Religion die Welt vergiftet

Puddycombe, Andy – Mach mal Platz im Kopf

Siegel, Daniel J. – Mindsight – Die Neue Wissenschaft der persönlichen Transformation

Sean Brummel -. Einen Scheiß muss ich – Das Manifest gegen das schlechte Gewissen

Andries J. Kroese & Mareike Franken – Der achtsame Weg durch Stress und innere Unruhe

Peter Lauster – Wege zur Gelassenheit, Souverän durch innere Unabhängigkeit und Kraft

Tania Konnerth: Leben kann so einfach sein

Moritz Boerner: Byron Katies „THE WORK"

Elaine St. James, In Einfachheit leben: 100 Schritte zu mehr Lebensfreude

Renate und Ulrich Dehner – Schluss mit den Spielchen

Stephen Covey – Sieben Wege zur Effektivität

Karl Pillemer – Die kleinen Dinge machen das Leben schön

Matthias Wengenroth – Das Leben annehmen

Gerd Gigerenzer - Bauchentscheidungen

Robert Betz – Raus aus den alten Schuhen

Internetseiten

www.mymonk.de
www.do-care.org
www.wenigerstress.de
www.zeitzuleben.de
www.tk.de
www.ganzheitscoaching.at
www.zeitblueten.com
www.dasgehirn.info
www.robert-betz.com

Danksagung

Unter all den Menschen, die dieses Buch erst möglich gemacht haben und denen ich meinen Dank ausspreche, möchte ich einigen meinen ganz besonderen Dank aussprechen.
Meinem Chef, Artëm Schneider, der mich erst dazu ermutigt hat, meinem lang gehegten Traum zu folgen und ein Buch zu schreiben. Und für die vielen inspirierenden Gespräche, Ideen und Tipps.
Meiner Frau Andrea – die mich mit Stolz erfüllt, die vielen Abende allein geduldig ertragen und mich in jeder Hinsicht unterstützt hat. Danke Schatz, dass du in der Entstehungsphase dieses Buches so vielen davon erzählt hast – vielleicht wäre es sonst wieder in der Versenkung verschwunden. Ich liebe dich!
Meinem Freund, Wolfgang Löwenberg, für die intensiven Gespräche, die vielen positiven Worte, Inspirationen und Zustimmungen – und das ich ein wenig von dir Erzählen durfte. Namastè, mein Freund!
Und nicht zuletzt meiner Oma Martha, die schon früh meinen Hang zu Sprichwörtern geprägt hat.

Weiterhin möchte ich allen Menschen danken, denen ich bisher in meinem Leben begegnen durfte und die mich mit Ihrer Art, Ihrem Verhalten, Ihrem Wesen ein Stück auf meinem Pfad begleitet, inspiriert und geprägt haben – positiv wie negativ.
Einen ganz besonderen Dank noch an die Erfahrungen und Erlebnisse, die ich meinem Leben machen durfte – sie alle haben dazu beigetragen, dass ich heute der Mensch bin, der ich bin.

Quellennachweis:

1 Ausschnitte aus dem Song „Auf dem Weg zu mir" von Peter Maffay, von www.songtextemania.com

2 Aus „Achtsamkeit für Anfänger" von Jon Kabbat-Zinn

3 Vgl. Jon Kabbat-Zinn – „Stressbewältigung durch die Praxis der Achtsamkeit"

4 Aus „Shaolin – du musst nicht kämpfen um zu siegen" von Bernhard Moestl

5 „Achtsamkeit – Ihre Wurzeln, ihr Früchte" von Mark Williams, Jon Kabbat-Zinn

6 Jon Kabbat-Zinn, „Achtsamkeit für Anfänger"

7 Edel Maex *„Mindfulness* - Der achtsame Weg durch die Turbulenzen des Lebens"

8 *Jon Kabbat-Zinn, Oslo, Norwegen, 30. April 2011,*
als Vorwort in dem Buch „Der achtsame Weg durch Stress und innere Unruhe" von Andries J. Kroese & Mareike Franken

9 „Der achtsame Weg durch Stress und innere Unruhe" von Andries J. Kroese & Mareike Franken

10 Patanjali, Yoga Sutra II/33, 2. Jhdt v. Chr.

11 Vergleiche „Warum Stress gut für Sie ist" von Tony Schwartz.

12 Das Prinzip der Superkompensation besagt, dass der Körper nach einer Trainingsbelastung nicht nur die Bereitschaft zur Erbringung des gleichen Leistungsniveaus wiederherstellt, sondern im Verlauf der Erholung (Regeneration) die Leistungsfähigkeit über das ursprüngliche Niveau hinaus steigert und über einen bestimmten Zeitraum auf diesem Niveau hält (vgl. Abbildung).

Wird dieses höhere Leistungsniveau jeweils für die neue Trainingseinheit genutzt, kommt es zu einer über einen längeren Zeitraum anhaltenden, aber nach oben begrenzten Leistungssteigerung. Ist die Regenerationsphase zwischen Trainingsbelastungen zu groß, geht der Trainingseffekt wieder verloren. Wird hingegen zu viel oder/und zu intensiv trainiert, hat der Körper nicht genügend Zeit zur Regeneration und das Leistungsniveau sinkt (Übertraining).

Demnach kann man das schematische Modell der Superkompensation in 5 Phasen einteilen:

1. Ausgangszustand ist eine Selbstregulation (Homöostase).
2. Die Störung der Homöostase durch ein sportliches Training unter Einbußen der Leistungsfähigkeit. An dieser Stelle sinkt der Graph.
3. Die Erholungsphase, der Graph erreicht wieder sein Ausgangsniveau.
4. Die Phase der Überschießenden Wiederherstellung. In dieser Phase erreicht der Graph sein Maximum.
5. Da Adaptionen (Leistungsverbesserung) des Körpers reversibel sind, nimmt die Leistungsfähigkeit in der letzten Phase nach Erreichen des Maximums wieder langsam ab, sofern kein weiteres Training stattfindet.

Ziel ist es, durch richtige Abstimmung von Trainingsbelastungen und Regeneration die Leistungsfähigkeit zu steigern und ein Übertraining zu vermeiden. Quelle: Wikipedia

13 Vergleiche „Warum Stress gut für Sie ist" von Tony Schwartz. Schwartz
14 Vergleiche: Elke Nürnberger „Gelassenheit lernen"
15 „Der achtsame Weg durch Stress und innere Unruhe" von Andries J. Kroese & Mareike Franken
16 Vergleiche Ajahn Brahm „Der Elefant der das Glück vergaß"
17 Vergleiche Ajahn Brahm „Der Elefant der das Glück vergaß"
18 www.palverlag.de, Beitrag „Stress abbauen und vermeiden – Anti Stress Techniken"
19 Vergleiche: Elke Nürnberger „Gelassenheit lernen"
20 Vergleiche: Elke Nürnberger „Gelassenheit lernen"
21 Vergleiche: Elke Nürnberger „Gelassenheit lernen"
22 Peter Lauster – „Wege zur Gelassenheit"
23 Peter Lauster – „Wege zur Gelassenheit"
24 Vergleiche: Elke Nürnberger „Gelassenheit lernen"
25 http://www.zeitzuleben.de/eine-wundervolle-liste/
26 Ajahn Brahm „Der Elefant, der das Glück vergaß"
27 Vgl. http://www.landsiedel-seminare.de, Tania Konnerth, sowie http://www.ganzheitscoaching.at/mut_zur_veraenderung.htm
28 Aljoscha Long & Ronald Schweppe – „Die sieben Geheimnisse der Schildkröte"
29 Dr. Anne Katrin Matyssek – „Mensch, entspann dich mal"

30 Handelsblatt online, 12-02-2010, Autor Christian Wolf, Bericht über einen Artikel im Fachmagazin „Proceedings of the National Academy of Sciences" von Kommunikationswissenschaftler Clifford Nass von der Stanford University und Kollegen

31 Handelsblatt online, 12-02-2010, Autor Christian Wolf, Bericht über einen Artikel im Fachmagazin „Proceedings of the National Academy of Sciences" von Kommunikationswissenschaftler Clifford Nass von der Stanford University und Kollegen

32 Zeit online, von Tina Groll | 20. September 2012, http://www.zeit.de/karriere/beruf/2012-08/multitasking-gehirnleistung Tina Groll ist Redakteurin im Ressort Karriere bei ZEIT ONLINE. Sie schreibt unter anderem über Arbeitsrecht, Frauen und Karriere sowie Gleichberechtigung. 2016 erschien ihr Buch *Kinder+ Karriere = Konflikt?* über die (Un-)Vereinbarkeit von Familie und Beruf. Gemeinsam mit Sabine Hockling betreibt sie www.diechefin.net, ein Blog für Führungsfrauen.

33 Zeit online, von Tina Groll | 20. September 2012,

34 Handelsblatt online, 12-02-2010, Autor Christian Wolf,

35 Handelsblatt online, 12-02-2010, Autor Christian Wolf,

36 Quelle: http://www.apotheken-umschau.de/Psyche/Mythos-Multitasking--was-ist-dran-524323.html

37 Ute R. Hülsheger, Hugo J. E. M. Alberts, Alina Feinholdt, and Jonas W. B. Lang (Maastricht University). (2013). Benefits of Mindfulness at Work: The Role of Mindfulness in Emotion Regulation, Emotional Exhaustion, and Job Satisfaction [Abstract]. Journal of Applied Psychology, 98 (2), 310–325.

38 Apotheken Umschau, von Ingrid Kupczik, aktualisiert am 21.08.2016

39 Apotheken Umschau, von Ingrid Kupczik, aktualisiert am 21.08.2016

40 www.berufsstrategie.de, Thema: Work Life Balance; Hesse/Schrader – Erfolg haben. Mensch bleiben.

41 Vgl. https://www.yoga-vidya.de und www.zeitzumleben.de

42 Vgl. www.tk.de

43 http://www.netdoktor.de/therapien/biofeedback/

44 www.wenigerstress.de/autogenes Training

45 Quelle: dpa; www.handelsblatt.de, Artikel Work Life Balance – entspannen wie die Chefs

46 Jonty Heaversedge & Ed Halliwell – „Das Achtsamkeits-Manifest Wie man in einer überdrehten Welt Gelassenheit findet"

47 vgl. Jonty Heaversedge & Ed Halliwell – „Das Achtsamkeits-Manifest Wie man in einer überdrehten Welt Gelassenheit findet"

48 vergleiche „Achtsam werden – 28 Achtsamkeitsübungen" von Burkhard Heidenberger

48 vergleiche „ Entspannung und Ruhe finden - 45 Entspannungsübungen" von Burkhard Heidenberger

49 vgl. gabrielschandl.com oder Bodo Schäfer „Gesetze für Gewinner"

Eigene Notizen

Eigene Notizen

MIX

Papier | Fördert
gute Waldnutzung

FSC® C083411

Zeitfracht Medien GmbH
Ferdinand-Jühlke-Straße 7
99095 Erfurt, Deutschland
produktsicherheit@kolibri360.de